*Märchen für Scheidungskinder
Hilfen aus der Zauberwelt für Kinder und Eltern*

Märchen für Scheidungskinder

Hilfen aus der Zauberwelt für Kinder und Eltern

Von Brigitte Spangenberg

humboldt-Taschenbuch 1092

Die Autorin:
Brigitte Spangenberg, klinische Psychologin und Psychotherapeutin mit eigener Praxis, ist als Gerichtsgutachterin, Mediatorin und Kommunikationstrainerin (NLP) seit vielen Jahren im Bereich Sorgerecht, Umgangsrecht und Vormundschaft tätig. Sie ist selbst ein Scheidungskind, seit über 30 Jahren mit einem Familienrichter verheiratet und hat vier erwachsene Kinder.

Umwelthinweis: gedruckt auf chlorfrei gebleichtem Papier

Umschlaggestaltung: Wolf Brannasky, München
Umschlagfoto: Fotostudio Peter Bornemann, München

© 1997 by Humboldt-Taschenbuchverlag Jacobi KG, München, für die Taschenbuchausgabe
Copyright © 1996 by Verlag Orac im Verlag Kremayr & Scheriau, Wien, für die Originalausgabe »Märchen für Scheidungskinder. Hilfen aus der Zauberwelt für Kinder und Eltern«
Druck: Presse-Druck Augsburg
Printed in Germany
ISBN 3-581-67092-5

INHALTSVERZEICHNIS

Zum Geleit 7
Vorwort 9

Einblick in die Märchenwerkstatt 11

1. Teil
MÄRCHEN FÜR SCHEIDUNGSKINDER 15

Die zerbrochene Vase 16
*Für die Eltern: Der Versuch eines Kindes, die Eltern
zu versöhnen* 20

Der König, der auszog, den Drachen zu töten 21
Für die Eltern: Der entfremdete Vater 24

Der Hase Hops, der Frosch Quak und der weise alte Mond 26
Für die Eltern: Wenn Kinder lügen, um zu gefallen 30

Die vermeintliche Entführung 32
Für die Eltern: Angst ist ein schlechter Ratgeber 40

Tom auf großer Fahrt 41
Für die Eltern: Ein Kind im Rollenkonflikt 44

Der Zauberhonig Marke „Unverletzbar" 45
Für die Eltern: Die Loslösung aus der Muttersymbiose ... 49

Die vierzig Enten mit den roten Köpfchen, den grünglänzenden Flügeln und dem Krönchen auf dem Kopf ... 51
Für die Eltern: Wie das Schöne den Streit besiegt 57

Indianerjunge Tanzende Feder 58
Für die Eltern: Kinder sind nicht für ihre Eltern verantwortlich 65

Das kleine Tännchen 67
Für die Eltern: Die Sehnsucht nach dem abwesenden Elternteil 73

Der Elefant aus Celebes	75
Für die Eltern: Widersprüchliche Aussagen schaffen Verwirrung	79
Zippel, Zappel und Zuppel lernen zaubern	80
Für die Eltern: Wenn Kinder nicht zur Ruhe finden	84

2. Teil
VORLESEMÄRCHEN, DIE SICH AUCH AN DIE ELTERN WENDEN 85

Der kleine Kater	86
Für die Eltern: Die „böse" Mutter.....................	96
Clown Popow	98
Für die Eltern: Verhaltensstörungen sind normal	102
Frau Rosamunde	104
Für die Eltern: Liebe bedeutet loslassen können	108
Der Weinstock und der Apfelbaum	110
Für die Eltern: Die getrennten Geschwister	114
Jolante und die blauen Blumen	115
Für die Eltern: Gemeinsame Sorge, dem Kind zuliebe	121
Mäuserich, das Mäusekind	123
Für die Eltern: Der phantasierte Supervater	128
Wie Marc seinen Vater kennenlernte	129

3. Teil
ANLEITUNG FÜR DAS ERFINDEN HEILENDER MÄRCHEN 133

Wie Sie die Geschichten für Ihr Kind verändern können ...	134
Wie Sie Geschichten für Ihr Kind selbst erfinden	147
Wie Sie Geschichten mit Ihrem Kind gemeinsam erfinden .	149
Wie Sie Ihrem Kind sonst noch helfen können	150
Hilfreiche Literatur	159

ZUM GELEIT
von Ernst Spangenberg, Familienrichter und Mediator

Eltern lieben ihre Kinder und haben das Wohl ihrer Kinder im Sinn, Kinder lieben ihre Eltern und brauchen Mutter und Vater gleichermaßen.

Das Scheitern einer Ehe belastet die Kinder-Eltern-Beziehung unverhältnismäßig stark, wenn die Erwachsenen nicht zwischen Ehe- und Elternebene unterscheiden und Vorwürfe, die an die Adresse des Ehegatten gehören, an den Elternteil richten. Deshalb kann es geschehen, daß jemand die Lösung, die er als Ehegatte gefunden hat, etwa die endgültige Trennung vom Partner, in bester Absicht auch für sein Kind wählt und dann bewußt wie unbewußt alles unternimmt, um das Band des Kindes zum anderen Elternteil zu unterbrechen – mit der scheinbar unangreifbaren Begründung, er/sie kenne eben die Schwächen des Expartners/der Expartnerin am besten.

Um aus der Scheidungskrise herauszufinden, ist es wichtig, die „Vorder-Gründe" der Ehewirklichkeit zu verlassen und Zugang zu den „Hinter-Gründen" zu finden, zum Menschheitswissen, daß jedes Kind leibliche Eltern hat und braucht, daß altersgerechte Eltern-Kind-Beziehungen dem Wohlergehen eines Menschen dienen und daß ihre Förderung den Einsatz lohnt.

Die folgenden Märchen haben das Ziel, von den „Vorder-Gründen" zu den „Hinter-Gründen" zu führen. In plastischen Bildern (Metaphern) bieten sie Lösungen für die oft unlösbar scheinenden Probleme von Scheidungsfamilien an. Betroffene Leser und Leserinnen werden die eigene Situation leicht wiedererkennen und zunehmend schmunzelnd bereit sein, den tieferen Sinn der Märchen zu erfassen, vorausgesetzt, sie teilen die eingangs genannte Vorannahme: „Eltern lieben ihre Kinder, Kinder lieben ihre Eltern."

Brigitte Spangenberg, die Autorin des vorliegenden Buches, ist seit 34 Jahren mit mir verheiratet. Wir haben vier erwachsene Kinder. Meine Frau stammt aus einer Scheidungsfamilie. Ihr Lebensplan ist die Familie. Grundlage ihres Berufes sind die eigenen Lebenserfahrungen. Ob sie als Therapeutin mit Familien arbeitet, als Trainerin des Neurolinguistischen Programmierens unterrichtet oder als Gerichtsgutachterin in Familienrechtssachen tätig ist, immer geht es um zwei Dinge: „Beziehung(s) weise leben" und „miteinander wert sein".

Ich habe mich noch nie mit meiner Frau gelangweilt, ihr fällt immer etwas ein. Ich werfe bei ihr „oben einen Groschen ein", gehe mit ihr eine halbe Stunde spazieren und bin neugierig, welche Geschichte dabei herauskommt.

VORWORT

Zum ersten Mal habe ich Märchen erfunden, als meine vier Kinder noch klein waren. Ich habe sie ihnen damals meist vor dem Einschlafen erzählt. Es waren kleine Geschichten, die den Tagesinhalt aufgriffen und Ereignisse, die mir nicht beendet erschienen, zu einem bildhaften Abschluß brachten. Die Kinder erzählten dabei lustig mit. Jahrzehnte später habe ich, in meiner Ausbildung im Neurolinguistischen Programmieren (NLP), bei meiner Lehrerin Frau Dr. Gundl Kutschera, Wien, der ich von Herzen danke, die Kunst erlernt, Geschichten so zu strukturieren, daß sie sich direkt an das Unbewußte meiner Zuhörer wenden. Denn das NLP lehrt die Kunst, anderen Menschen mit und ohne Worte zu begegnen. Diese Fähigkeit habe ich bei meinem Freund, dem NLP-Trainer Hermann Müller-Walbrodt, Wassenberg-Myhl, erweitert und verfeinert.

Ich erfinde meine Geschichten, und meine Geschichten finden mich. Das geschieht immer dann, wenn während der psychologischen Arbeit mit Kindern und Eltern in Scheidungssituationen nichts mehr zu gehen scheint. Wenn alle erklärenden und beratenden Worte gesprochen sind und ich dennoch bei meinem Gegenüber nach wie vor ein „ja . . . aber" oder ein „warum?" erkenne, greift mein kreatives Selbst zur uralten Form des Geschichtenerzählens. Mit dieser spielerischen, entspannenden und oft humorvollen Methode – alle Menschen, vor allem Kinder, hören gerne Geschichten – durchbreche ich scheinbar den ernsten Rahmen einer Begutachtungssituation bei Gericht und wende mich vor allem an das Unbewußte der Zuhörer.

Geschichten, Märchen und Mythen bestehen aus Metaphern (eine Metapher ist eine Übertragung ins Bildhafte, der Begriff stammt vom griechischen „metapherein": „woanders hintragen"). Eine gute Geschichte verwandelt das augenblickliche Problem des Zuhörenden in eine Metapher und zeigt eine Lösung. Eine Geschichte ist wie ein geschenktes Kästchen, das der Empfänger öffnen kann, aber nicht muß. Kinder öffnen Schatzkästchen immer.

Ich habe meine Geschichten für Kinder und Jugendliche und ihre Eltern in Trennungs- und Scheidungskonflikten erfunden. Die Märchen sind, bei allen auf die jeweiligen Zuhörer bezogenen Details, exemplarisch für bestimmte Frage- und Problemstellungen in diesen traumatisierten Familien, beziehen sich z. B. auf Loyalitätskonflikte, Scham, Angst, Trauer, Aggression u. ä. Die Geschichten dienen einer Heilung von innen, fördern den notwendigen Verarbeitungsprozeß und ermöglichen einen Neubeginn von Mutter, Vater und Kindern nach der Trennung und Scheidung. Es ist möglich, einen Familienkreis „danach" zu leben!

Das Buch ist für betroffene Kinder, Jugendliche und Eltern in gleicher Weise als Lese- und Vorlesebuch geeignet.

Allen Menschen, die beruflich Scheidungsfamilien beraten, wie JugendamtsmitarbeiterInnen, MitarbeiterInnen an Beratungsstellen, AnwältInnen, GutachterInnen und RichterInnen möchte ich Mut machen, in ihrer Arbeit Geschichten zu verwenden und sie selbst fallspezifisch zu erfinden.

Brigitte Spangenberg,
Klinische Psychologin, Psychotherapeutin,
Gerichtsgutachterin in Familiensachen und Mediatorin

EINBLICK IN DIE MÄRCHENWERKSTATT
geschildert am Beispiel eines Kindes, das versucht,
seine Eltern wieder zu vereinen

Dank meiner Aufgabenstellung als Gutachterin wird mir ein detaillierter Einblick in die gegenwärtigen Probleme der Trennungs- bzw. Scheidungsfamilien gewährt, mit denen ich arbeite. Ich weiß, daß alle Beteiligten so schnell wie möglich aus der vor allem die Kinder belastenden Situation heraus möchten.
Meine Aufgabe besteht zunächst darin, die bestehenden Schwierigkeiten zu diagnostizieren. Anhand der Geschichte des Mädchens Franziska, für das ich das Märchen von der „Zerbrochenen Vase" (siehe Seite 16 ff.) entwickelt habe, möchte ich beschreiben, wie meine Märchen entstehen. Franziska, ein achtjähriges Mädchen, lebt mit seiner Mutter alleine. Die Ehe der Eltern wurde vor drei Jahren geschieden. Der Vater hatte sich einer anderen Frau zugewandt, die er heiratete und mit der er ein Töchterchen hat. Franziskas Mutter, eine sensible, zarte Frau, meidet, seit ihre Ehe gescheitert ist, Männerkontakte. In der ersten Zeit nach der Scheidung bemüht sich der Vater nur wenig um seine Tochter. Er arbeitet viel, errichtet ein Haus und investiert viel Zeit in seine neue Ehe und Familie. Die Mutter hat es leicht, einen Umgang zwischen Vater und Tochter durch in solchen Fällen übliche Verhaltensweisen wie Krankheit des Kindes oder unerklärte Abwesenheit von Mutter und Tochter am Umgangstermin zu vereiteln. Als das Leben des Vaters ruhiger wird, entsinnt er

sich seiner Tochter und beantragt, weil die Mutter Begegnungen zwischen Vater und Tochter heftig ablehnt, sein Umgangsrecht gerichtlich zu regeln. Zu diesem Zeitpunkt hat Franziska ihren Vater fast drei Jahre lang nicht mehr getroffen. Während der Begutachtung sieht Franziska ihren Vater. Die Mutter hat darauf bestanden, beim Treffen anwesend zu sein, obwohl Franziska gerne alleine hingegangen wäre. Das Mädchen merkt, daß ihre Mutter in Anwesenheit des Vaters aufblüht: Die zarte, empfindsame Person verwandelt sich in eine lebhafte Frau, die spürbares Vergnügen an der Unternehmung zu dritt hat. Sie erlaubt es in der Folge nicht, daß der Vater mit Franziska und seiner Tochter aus zweiter Ehe alleine zusammentrifft. Franziska greift die nicht ausgesprochene Botschaft der Mutter auf und tut alles, was sie nur tun kann, um Mutter und Vater zusammenzubringen. Die Mutter läßt das Mädchen gewähren, sie schwimmt auf einer Welle der Hoffnung. Der Vater will seiner Tochter gefallen und fügt sich ihren Arrangements zu dritt. Das Mädchen steigert sich in einem solchen Maße in ihre „Mission", daß es seine Freundschaften mit Gleichaltrigen vernachlässigt. Damit hat Franziska die Verantwortung für das Wohlbefinden ihrer Mutter übernommen. Sie bemuttert ihre eigene Mutter. Das ist für die Persönlichkeitsentwicklung des Mädchens schädlich. Außerdem sind ihre Bemühungen zum Scheitern verurteilt. Der Vater wird, um seine neue Familie nicht zu gefährden, einem Umgang zu dritt auf Dauer nicht zustimmen. Es wird einen neuen Kampf um die Bedingungen geben, unter denen sich Vater und Tochter sehen können, und die Gefühle der Mutter werden nochmals verletzt werden.
Sobald ich diese gegenwärtige Lebenssituation der Beteiligten mit allen möglichen Konsequenzen klar vor mir sehe, stelle ich mir die Frage: Unter welchen Umständen ginge es allen

Beteiligten besser? Ich bedenke die Lösung des bestehenden Problems. Da ich meist ohne Hilfe der Beteiligten aus meiner Berufs- und Lebenserfahrung heraus antworten muß, kann es sein, daß die in meiner Geschichte angebotenen „Lösungen" für die Betroffenen nicht passen. Ich habe wiederholt erlebt, daß Kinder in einer solchen Situation spontan sagen: „Nein, das ist ganz anders", und mir ihr eigenes Ende der Geschichte erzählen. Deshalb lade ich meine Zuhörer und Zuhörerinnen auch immer ein, in die Erzählung einzugreifen, wenn sie es möchten.

In Franziskas Fall erscheint es mir wünschenswert, daß das Mädchen die Scheidung als Realität anerkennt, auch wenn die Mutter innerlich noch nicht wirklich von ihrem Mann getrennt ist und sich deshalb unbewußt irrealen Hoffnungen hingibt. Franziska soll erkennen, daß getrennte Eltern, jeder für sich, viel zu bieten haben. Schließlich kann sie, wenn sie ihr vergebliches Bemühen aufgibt, die Ehe ihrer Eltern zu kitten, ihre Vitalität wieder für Gleichaltrige einsetzen.

Sobald ich mir über das Problem und das Ziel meiner Zuhörer im klaren bin, stelle ich mir – je nach Situation – folgende Fragen nach Helfern und Hilfen: Was braucht die betroffene Person, um das Ziel leicht zu erreichen? Hat sie die Mittel dazu schon, und müssen sie nur aktiviert werden? Oder braucht sie eine Verstärkung dieser Mittel? Was kann das Hindernis zur Lösung des Problems beseitigen? Oder ganz konkret: Braucht die Person mehr Mut, mehr Liebe, mehr Neugier, mehr Aggression? Auch diese Fragen beantworte ich meist aus meiner Lebens- und Berufserfahrung. Bei Franziska war meine Antwort: Das Mädchen braucht Einsicht in die Vergeblichkeit ihres Handelns und ein Gefühl dafür, daß jeder Elternteil allein für sie interessant und nützlich ist.

Bin ich mit meinen Gedanken so weit gekommen, so ist das

innere Gerüst der Geschichte fertig. Ich suche dann eine geeignete Metapher. Dabei orientiere ich mich an den Lebensbedingungen und der Lebenserfahrung meiner Zuhörer. Zu den Besonderheiten bei Franziska gehört, daß ihre Mutter kostbare Vasen sammelt.

Die gewählte Metapher soll für die Zuhörer verständlich sein, jedoch nicht in einen bewußten Zusammenhang mit dem bestehenden Lebenskonflikt gebracht werden können. Auch das Ausschmücken der Geschichte mit liebevollen Details dient dazu, den bewußten Verstand soweit zu verwirren, daß sie die Geschichte neugierig, aber ohne persönlichen Bezug verfolgen. Je weniger der menschliche Verstand mit seiner Fähigkeit, Deutungen und Erklärungen des Angehörten zu geben, beteiligt ist, desto unmittelbarer und reiner dringt die Botschaft der Geschichte ins Unbewußte und kann damit den Boden für eine heilsame Veränderung bereiten.

Fünf Märchen in diesem Buch stammen nicht von mir, sondern von Martina Vent. Sie ist freiberufliche Autorin, studiert Psychologie und hat in meiner Praxis mitgearbeitet. In dieser Zeit sind die hier veröffentlichten Geschichten entstanden: „Die vermeintliche Entführung", „Indianerjunge Tanzende Feder", „Der kleine Kater", „Jolante und die blauen Blumen" und „Mäuserich, das Mäusekind". Martina Vent verwendet beim Märchenerzählen bewußtseinsnähere Metaphern. Die Eindringlichkeit ihrer Märchen ergibt sich aus der Wiederholung und Abwandlung von Grundmotiven. Zu ihren Techniken gehört es, Geschichten in der Geschichte zu erzählen.

1. Teil

MÄRCHEN FÜR SCHEIDUNGSKINDER

DIE ZERBROCHENE VASE

Fathima, die wunderschöne Tochter des Sultans Achmet, war fünfzehn Jahre alt, als ihre ergraute Kinderfrau, die neben ihr auf dem rotsamtenen Diwan saß und feine Spitzen um ein Seidentaschentuch häkelte, ihr eine Geschichte erzählte, die sie nie vergessen sollte: denn es war eine geheimnisvolle Geschichte von unerfüllbaren Wünschen, von Ohnmacht und Hilflosigkeit und von der Weisheit, die darin besteht, Unerreichbares loszulassen. Kurz: es war eine Geschichte über das Leben.
In alten, grauen Zeiten, lange bevor Achmet Sultan im Morgenland wurde, bekommen seine Vorfahren Mechmet und Leila zu ihrer Hochzeit eine wundervolle Vase geschenkt. Die Vase ist von auserlesener Schönheit. Über einem breiten, goldenen Fuß rankt sie sich leicht und schlank empor, formt zu beiden Seiten zwei geschwungene Henkel und schließt sich zuletzt in einem vollkommenen Kreis um die kleine Öffnung. Beide Seiten der Vase sind mit Gold, Blau und Purpurrot bemalt, aber mit so unterschiedlichen Mustern, daß sie einander ähneln und doch grundverschieden sind. Mit der Vase ist ein Auftrag verbunden: Die Besitzer sollen sie jeden Morgen bei Sonnenaufgang auf den Felsen über dem Fluß stellen, damit sie sich am Tage mit dem Licht und der Wärme fülle und nachts das junge Paar mit ihrem Inhalt erfreuen könne. Einige Jahre führen Mechmet und Leila ein glückliches, licht- und wärmeerfülltes Leben, dem auch ein Kind entspringt: ihre Tochter Lucia. Dann, eines Abends, geraten Mechmet und Leila in Streit darüber, wer heute die Vase vom Felsen holen solle. Jeder von beiden behauptet, der andere sei

dran, jeder behauptet, er habe recht und es sei die Schuld des anderen, wenn der Vase nachts etwas widerfahre. Wütend schlafen beide ein. Das zischende Geräusch eines grellen Blitzes und ein furchtbares Donnergrollen weckt sie mitten in der Nacht. Sie wissen beide, was das bedeutet. Als sie ins Dunkel hinaushasten und zu dem Felsen kommen, auf dem die Vase stand, liegt dort nur noch eine Hälfte. Der Blitz hat das edle Gefäß gespalten. Sosehr sie auch suchen, die andere Hälfte bleibt verschwunden, sie muß hinunter in den Fluß gefallen sein. Aber auch die Suche im Flußbett während der nächsten Tage und Wochen bleibt vergeblich. Leila weint bitterlich, und Mechmet schweigt mit zusammengepreßten Lippen. Sie beginnen sich darüber zu streiten, was mit der übrigen Hälfte geschehen solle. Mechmet findet sie zu nichts mehr nutze und wirft sie eines Tages, als er sich von Leila unbeobachtet glaubt, weg, aber Leila hat es gesehen, sie holt die Vasenhälfte, die sie an Zeiten der Wärme und Liebe erinnert, heimlich zurück und versteckt sie in ihrer Truhe. Jahrelang spricht niemand mehr von der Vase. Mechmet beginnt ein neues Leben mit viel Arbeit, Leila ist oft still und traurig, und Lucia wächst heran.

Kurz vor Lucias siebtem Geburtstag fällt Leila ein, daß sie in der großen, alten Truhe ein wertvolles Goldstück aufbewahrt, und sie beschließt, ihrer Tochter davon etwas Besonderes zum Geburtstag zu kaufen. Zum ersten Mal nach Jahren öffnet sie die Truhe und findet neben dem Goldstück die fast vergessene Vasenhälfte. Lucia hat der Mutter beim Suchen zugeschaut, beginnt nun zu fragen und erfährt die Geschichte der Vase. Da sie mutig und neugierig ist, läuft sie sogleich zum Fluß, zieht Schuhe und Strümpfe aus, watet ins seichte Wasser und spürt nach wenigen Schritten unter ihren Füßen etwas Hartes. Als sie es vorsichtig ausgräbt, ist es der andere Teil der Vase. Freudig erregt läuft sie damit zu ihrer Mutter. Beim Anblick der verloren geglaubten Hälfte durchläuft Leila ein warmer Schauer des Erinnerns. Geschäftig beginnt sie sie vom Sand und Schlick des Flusses zu befreien. Lucia spürt die hoffnungsfrohe Aufregung der Mutter. Schließlich hält Leila die beiden Hälften aneinander. Da erst sieht sie, wie verschieden sie voneinander geworden sind. Die Hälfte, die sieben Jahre im Wasser gelegen hat, zeigt nur noch blasse Blau-, Gold- und Purpurspuren, Kies und Sand haben die Bruchstellen abgeschliffen und manche Kerbe ins Porzellan geschlagen. Da wird Leila voll Trauer gewahr, daß die beiden Hälften nicht mehr zusammenpassen. Sie befiehlt ihrer Dienerin, unverzüglich beide Teile wegzuwerfen. Lucia folgt der Magd und überredet sie, ihr die Hälften, wie sie sagt, „zum Spielen" zu überlassen. In Wahrheit aber hat Lucia beschlossen, die zerbrochene Vase um jeden Preis wieder ganz zu machen. Freude und Traurigkeit ihrer Mutter haben ihr gezeigt, wie wichtig die Vase für Leila sein muß.

Weil Lucia ihre Mutter über alles liebt, versucht sie in den kommenden Wochen heimlich, Nacht für Nacht, die Vase zusammenzufügen: Jedoch, was immer Lucia auch verwendet, um die beiden Teile wieder miteinander zu verbinden – Kleber, Kitt, Ton, ja sogar in Honig gelösten Muschelkalk –, am Morgen liegen sie wieder getrennt nebeneinander. Lucia, die sieht, wie ihre Mutter wieder in die alte Traurigkeit verfällt, gibt nicht auf. Sie schläft kaum noch, probiert nachts eine Klebstoffmischung nach der anderen aus und ist fest davon überzeugt, daß es einzig an ihrer Unfähigkeit liegt, daß die Vase nicht zusammenhält. Weil sie nachts arbeitet, schläft sie oft am Tag und spielt immer seltener mit ihren Freunden. Eines Tages weckt sie ihr Freund Gülhan um drei Uhr mittags und schimpft: „Mit dir ist ja gar nichts mehr anzufangen, du bist echt langweilig." Weil er Lucia gern mag, fügt er, mit beiden Händen in seine prallen Taschen greifend, hinzu: „Ich habe dir viele Haselnüsse und Walnüsse mitgebracht. In der letzten Nacht war ein großer Sturm. Ich habe gesehen, wie die Walnußbäume und die Haselnußbäume sich mächtig wehrten und ihre Kronen schüttelten, weil sie ihre Nüßchen nicht loslassen wollten, und ich habe gehört, wie der Sturm heulte: ‚Laß los, laß los, laß los.' Das war ein gewaltiger Kampf, und der Sturm hat gewonnen. Heute morgen lagen unendlich viele Nüsse unter den Bäumen, denn sie sind reif, und im nächsten Jahr können wieder neue wachsen. Gib mir zwei Schalen, liebe Lucia, damit ich die Haselnüsse in die eine und die Walnüsse in die andere legen kann." Während Lucia im Schrank vergeblich nach zwei Schalen sucht, hat Gülhan längst die beiden Hälften der Vase entdeckt und sie mit den Nüssen gefüllt. Als Lucia das sieht, will sie zuerst laut schimpfen, aber dann gefällt ihr die braune Pracht der Waldfrüchte in den kostbaren Gefäßen, und sie holt einen Nußknacker.

„Und wie ging das weiter?" wollte Fathima wissen, als ihre alte Kinderfrau die Geschichte beendet hatte. „Oh", sagte diese, „Lucia hat in ihrem Leben noch viele Schalen mit Früchten gefüllt, manche mit Brombeeren, andere mit Weintrauben, wieder andere mit Pilzen, mit Eicheln oder mit Sonnenblumenkernen."

Für die Eltern: Die zerbrochene Vase, oder

DER VERSUCH EINES KINDES, DIE ELTERN ZU VERSÖHNEN

Problemhintergrund
Franziska ist ein achtjähriges Mädchen, das sich verzweifelt bemüht, ihre schon seit längerer Zeit geschiedenen Eltern – der Vater ist wieder verheiratet und hat eine Tochter aus zweiter Ehe – zu versöhnen. Das Mädchen hatte im Umgangsrechtsstreit der Eltern bemerkt, daß die Mutter nach wie vor für den Vater Gefühle der Zuneigung hatte (siehe auch Seite 11 f.).

Ziel
Ziel der Geschichte ist es, das Kind von der selbst übernommenen Verantwortung für die Mutter und den daraus resultierenden krampfhaften Handlungen zu befreien, damit es sich wieder in seinem eigenen, erlebnisreichen Kinderdasein engagieren kann (siehe auch Seite 13 f.).

Erzählweise
Problemhintergrund, Ziel und Erzählweise des Märchens von der „zerbrochenen Vase" sind im Kapitel „Einblick in die Märchenwerkstatt" (Seite 11 ff.) ausführlich beschrieben.

DER KÖNIG, DER AUSZOG, DEN DRACHEN ZU TÖTEN

Im Lande Gadir regiert ein König mit seiner Königin. Sie haben eine einzige Tochter, die sehr schön ist und überaus schlau. Sie heißt Prinzessin Honigmund.
Sie hat goldene Locken, die ihr bis auf die Schultern fallen und die genau zur Farbe ihres Krönchens passen. Prinzessin Honigmund liest mit Vergnügen jeden Tag ein spannendes Buch. Natürlich kann sie auch gut selbst Geschichten erfinden und erzählen, sie spielt Klavier und musiziert wunderschön auf der Geige; sie kann reiten und ist eine begeisterte Schwimmerin.
Alle Menschen im Königreich lieben die Prinzessin.
Das Leben im Königsschloß ist wohlgeordnet: Der König regiert, und die Königin versorgt mit ihren Mägden den Hausstand. Morgens früh reitet der König auf einem schwarzen Rappen hinaus ins Königreich und kommt erst abends müde und hungrig zurück, wenn auch die Königin von ihren vielfältigen Verpflichtungen erschöpft ist. Am Abend streiten der König und die Königin oft darüber, wer von beiden am müdesten sei und wer am meisten und am sinnvollsten gearbeitet habe. Prinzessin Honigmund wird darüber immer ganz traurig. An solchen Tagen geht sie früh ins Bett.
Sie liebt ihre Mutter, mit der sie viel gemeinsame Zeit verbringt, und die für sie eine schöne Frau ist; und sie liebt ihren Vater, denn er ist stark, männlich und geheimnisvoll. Sie findet das Streiten blöd.
Eines Tages kommt früh am Morgen ein reitender Bote an

den Königshof galoppiert und ruft: „Herr König, Herr König, Ihr müßt sofort mit Eurem großen Schwert kommen! An der Grenze des Königreiches wütet ein riesiger, feuerspeiender Drache, den könnt nur Ihr töten und damit uns allen das Leben retten!" Der König sattelt sein Pferd, gürtet sich das Riesenschwert um und verläßt eilends das Schloß.

Die Königin ist anfangs erleichtert, daß sie nicht mehr so viel waschen und kochen muß und daß nun die Abende ruhig und nicht mehr so voll Streit sind. Prinzessin Honigmund ist traurig, denn sie vermißt den König.

Als der König nach einem Monat immer noch nicht zurückgekehrt ist und auch niemand etwas von ihm gehört hat, fühlt sich die Königin nicht mehr wohl. Prinzessin Honigmund wird immer trauriger, und jeder am Hofe macht sich so seine Gedanken.

Eines Morgens, als die Königin hinter ihrem Webstuhl sitzt und beim Weben eines roten Fadens an ihren Mann denken muß, der nun vielleicht den Drachen getötet hat, kommt ihr Kammermädchen herbei, setzt sich zu ihr und plappert: „Frau Königin, wenn ich mich so erinnere, dann fällt mir ein, daß der Herr König doch ein sonderbarer Mann war; ich konnte ihm die Socken noch so schön paarweise hinlegen und ordnen – er trug meist einen roten und einen blauen zugleich. Und die Hemden! Ich hatte sie immer fein gebügelt, aber er verzählte sich jedesmal beim Zuknöpfen und sah auch im feinsten, gebügeltsten Hemd noch schlampig aus." Kurz nachdem die Kammerfrau weggegangen ist, kommt der Stallknecht, sieht die Königin so traurig dasitzen und sagt: „Ach, Frau Königin, der Herr König war eigentlich ein schlechter Reiter. Beim Aufsteigen mußte ich ihm immer in den Sattel helfen, und beim Absteigen verstauchte er sich meist den Knöchel. Ich habe ihm ja deshalb immer nur den zahmsten,

lahmsten Gaul gegeben." Als nun der Stallknecht gegangen ist, kommt der Gärtner und erzählt der Königin: „Frau Königin, Ihr ehrenwerter Gemahl hat nicht einmal Sonnenblumen von Radieschen unterscheiden können."
Prinzessin Honigmund, die neben der Königin beim Webstuhl sitzt, hört diesen Berichten schweigend und neugierig zu. Anfangs kann sie gar nicht glauben, daß es bei diesen Reden um ihren geliebten Vater geht, den sie ganz anders in Erinnerung hat, aber als sie sieht, daß es ihrer Mutter immer besser geht, je mehr Schlechtes man über ihren Mann sagt, und daß sie dann lächelt und der Prinzessin zuzwinkert, beginnt sie ihren Vater plötzlich in einem neuen Licht zu sehen. Eines Tages tritt sie selbst an den Webstuhl ihrer Mutter und sagt: „Liebe Mutter, mein Vater, der König, war ein grausamer und unbedachter Mann. Als er mich in meinem Kinderzimmer besuchte, trat er rückwärts auf meine Lieblingspuppe Anna und zertrat ihr den rechten Arm." Darauf schließt die Königin ihr Kind in die Arme, beide weinen bitterlich und sehr, sehr lange zusammen.
Drei Tage später kommt ein eilender Bote zu Hofe geritten und meldet der Frau Königin, ihr Mann habe den feuerspeienden Drachen bezwungen und werde unverzüglich zu ihr und der Prinzessin zurückkehren.
Was tut da die Königin, was tut die Prinzessin, was tut der ganze Hofstaat?

Das Kind, dem ich die Geschichte erzählte, antwortete darauf: „Die lassen den [Herrn König] nicht rein, das haben die verabredet, der ist doch böse."

Für die Eltern: Der König, der auszog, . . ., oder

DER ENTFREMDETE VATER

Problemhintergrund
Karin war sechs Jahre alt, als ihre Eltern sich trennten. Sie blieb bei der Mutter. Jetzt ist sie acht und hat ihren Vater seit fast zwei Jahren nicht mehr gesehen. Der Vater fordert gerichtlich Umgang. Karin sagt dem Jugendamt, dem Richter und mir gegenüber nachdrücklich, sie wolle ihren Vater nie mehr sehen. Die Mutter beruft sich auf die Worte des Kindes und beantragt Aussetzen des Umganges auf unbestimmte Zeit. Sie berichtet, Karin habe vor der Trennung ein herzliches Verhältnis zum Vater gehabt, sie könne sich den Sinneswandel ihrer Tochter nicht erklären, aber sie könne Karin auch nicht zum Umgang mit dem Vater zwingen. In unseren Gesprächen stellt sich heraus, daß die Mutter, um sich von ihrem Mann zu lösen, nur noch seine Fehler und Schwächen beachtet. Die Tochter bemerkt, daß es der Mutter guttut, den Mann als Versager zu sehen, und weil das Kind die Mutter liebt, schließt es sich dieser Sichtweise an. Karin verdrängt jede gute und schöne Erinnerung an den Vater. Das ist für ein kleines Mädchen, das bei der Mutter lebt und sich mit ihr identifiziert, normal.

Ziel
Ziel des Märchens, das ich Mutter und Tochter gemeinsam erzähle, ist es, auf einer tiefen Bewußtseinsebene Verständnis dafür zu wecken, was geschehen ist, bevor Karin sich gänzlich vom Vater abwandte.

Erzählweise

Schlüsselfigur im bestehenden Problem ist die Mutter. Das Kind hat keine Gelegenheit, sein Verhalten zu verändern, solange ihr Vorbild, die Mutter, ihre Einstellung beibehält. Karin braucht die Erlaubnis der Mutter, um die eigenen Gefühle zum Vater aus der Zeit des Zusammenlebens auszudrücken. Deshalb kann das Märchen der Mutter als Spiegel dienen, in dem sie ihr eigenes Verhalten während der Trennungsphase sieht. So kann sie lernen, mehr als nur die Negativseiten ihres Mannes wahrzunehmen.

Weil das Märchen nahe am bewußten Erleben des Kindes angesiedelt ist, antwortet Karin auf meine Fragen „Was tut die Frau Königin, was tut die Prinzessin, was tut der ganze Hofstaat?": „Die lassen den Herrn König nicht rein, das haben die verabredet, der ist doch böse." Diese Antwort erzeugt bei der Mutter ein Aha-Erlebnis. Sie beginnt, den Umgang der Tochter mit dem Vater zu fördern und ermöglicht damit eine neue Vater-Tochter-Beziehung.

DER HASE HOPS, DER FROSCH QUAK UND DER WEISE ALTE MOND

Es war einmal ein kleiner Hase, der hieß Hops. Hops hatte ein riesengroßes Problem. Er war ein besonders schöner Hase: Er hatte wunderbar lange Ohren, die innen ganz samtweich waren, und einen schönen, großen, runden Bommelschwanz. Hops war schlau, und er konnte viel schneller Haken schlagen als die meisten seiner Hasenfreunde.
Ja, und da sind wir schon bei seinem großen Problem. Ihr wißt, alle Hasen haben Angst, Angst vor dem Fuchs, Angst vor dem Hund, Angst vor dem Jäger; deshalb schlagen sie Haken. Sie laufen geradeaus, und dann, ganz plötzlich, springen sie um die Ecke und dann noch einmal um die Ecke, und dann sitzen sie im fetten Kleebeet und freuen sich, daß sie leben. Alle Angsthasen schlagen Haken, um sich weiter an ihrem Leben freuen zu können.
Unser Hase Hops hatte das Hakenschlagen von seinem Hasenpapa und seiner Hasenmama gelernt. Der Hasenpapa hatte in seinem Leben so manchen großen Haken geschlagen. Einmal, als ihn viele Hunde zugleich hetzten, war er sogar so viele Male hintereinander um die Ecke gehüpft, daß er selbst am Schluß nicht mehr wußte, wo er war.
Auch die Hasenmama war im „Häkeln" sehr geübt. Sie machte das elegant und leise, so daß ihre Verfolger oft glaubten, sie habe sich in Luft aufgelöst, oder sie hätten sich in Wahrheit geirrt und gar keinen Hasen gesehen.
Der Hase Hops lernte alle diese Kunststücke von seinen Eltern, denn er sah, daß es sehr sinnvoll war, seine Verfolger zu

täuschen, um saftigen Klee und zarte Möhrchen in Ruhe zu genießen.

Wenn der Hase Hops sehr schöne Haken schlug, lobten ihn seine Eltern, und er hatte das Gefühl, daß sie ihn dann besonders liebten. Dann fühlte er sich sicher und geborgen, und der Klee schmeckte ihm doppelt so gut. So ging das Hasenleben alle Tage geruhsam weiter, bis eines Tages . . . tja, da geschieht folgendes:

Durch das Kleefeld kommen zwei grüngekleidete Männer mit einem großen Netz. Sie sind so leise, daß die Hasenfamilie sie erst bemerkt, als die Männer in Grün sie schon in ihrem Netz gefangen haben. Die Männer bringen Vater Hase, Mutter Hase und den kleinen Hops in den Kindertierpark der Nachbarstadt. Nachdem die Hasen ihren Schrecken überwunden haben, sehen sie sich um und bemerken, daß ihr neues Zuhause wunderschön ist: saftiger Klee, fette Möhren, klares Wasser und: keine Feinde weit und breit!

Vater Hase und Mutter Hase verstehen schnell, daß das Hakenschlagen von nun an nutzlos ist. Beide zeigen sich in altem Stolz noch einmal wechselweise, was ein ordentlicher Haken ist und beschließen dann, nur noch geradeaus zu laufen.

Der kleine Hase Hops versteht die Welt nicht mehr. Plötzlich schimpfen seine Eltern, wenn er Haken schlägt, und sagen, er müsse sich das abgewöhnen. Sie selbst haben fast schon vergessen, daß sie einmal Meister im Hakenschlagen waren.

Der kleine Hase Hops aber gibt sich große Mühe, noch schnellere und noch elegantere und noch raffiniertere Haken zu schlagen. Er hofft, daß ihn seine Eltern dann wieder so liebhaben wie früher – aber alles ist vergebens.

Schon fangen die anderen erwachsenen Hasen im Tierpark an, mit der Pfote auf Hops zu zeigen und zu sagen: „Geh uns aus den Augen mit deiner blöden Hakenschlagerei, das wollen wir nicht mehr sehen!" Auch die Haseneltern machen Hops unmißverständlich klar, daß es ihnen peinlich ist, wenn er sich weiter als Angsthase zeigt und diese Haken schlägt. Hops ist verzweifelt!

Als er in der Nacht einmal alleine am Rande des riesigen Kleefeldes sitzt, weint er große, warme Hasentränen und schluchzt laut. Da hört er auf einmal neben sich ein feines, hohes Stimmchen, das in hellem Ton „Hallo, Hops!" zu ihm sagt; es ist die Grille. „Du hast ja schrecklich großen Kummer", sagt sie, „soll ich dir eine Geschichte erzählen und dir den Kummer vertreiben?"

„Ja", sagt Hops weinend und schluchzt nochmals laut.

Die Grille erzählt: „Es war einmal ein grüner Frosch mit dicken, roten Punkten auf dem Rücken. Er hatte immer Angst, es habe ihn niemand lieb, weil er so häßlich quakte und so naß und glitschig war.

Weil er hoffte, die Tiere hätten ihn dann lieber, erzählte er allen die phantastischsten Geschichten. Einmal erzählte er, er sei ein grünes Krokodil und könne schrecklich beißen. Er erzählte auch, daß er im Wald fünfzig rosa Elefanten gesehen habe, und er erzählte, daß die kleine schwarze Katze das Erdbeereis gegessen habe, obwohl er es selbst noch kalt im Bauch spürte.

Anfangs glaubten ihm die Tiere seine Geschichten und fanden ihn ganz toll. Da meinte er, sie hätten ihn lieb. Langsam begann er aber zu merken, daß einige Tiere über ihn lachten, andere ihn einfach nicht mehr ernst nahmen und wieder andere ihm aus dem Weg gingen.

Da wurde der Frosch mit den prächtigen roten Punkten auf dem Rücken sehr traurig und quakte eines Nachts weinend dem Vollmond sein Leid. Als der gute alte Mond das hörte, rief er heimlich alle Tiere zusammen und flüsterte jedem von ihnen etwas ins Ohr. Daraufhin liefen die Tiere ganz geschäftig fünf Minuten lang hin und her. Dann trafen sie sich wieder. Jeder hatte sein Festkleid angezogen, und jeder hielt eine Fackel in der Hand. Mit ernsten Mienen gingen sie zum Frosch.

Schweigend hoben sie ihn sanft auf ein Seerosenblatt und trugen ihn behutsam in die Mitte der Nachtwiese, deren Blumen in ihrem Schlaf betörend dufteten.

Alle Tiere stellten sich nun im Kreis um den kleinen Frosch und begannen im Chor das Lied zu singen, das der weise Mond ihnen flüsternd beigebracht hatte. Das Lied ging so:

‚Ich hab' dich lieb, so wie du bist,
Mit deinem prachtvollen Gequake.

Ich hab' dich lieb, so wie du bist,
Mit deiner grünen Farbe.

Ich hab' dich lieb, so wie du bist,
Mit deinen grellen, roten Punkten.

Ich hab' dich lieb, so wie du bist,
Mit deiner nassen Glitschehaut.

Ich hab' dich lieb, so wie du bist,
Weil's dich nur einmal auf der Welt gibt.

Ich hab' dich lieb . . .‘

Dieses Lied hatte unendlich viele Strophen, und während die Tiere sangen, hatten sie den Rand des Seerosenblattes, auf das sie den kleinen Frosch gesetzt hatten, etwas angehoben und begannen, den Frosch zu wiegen.

Da schlief er glücklich und friedlich ein und hatte einen wunderschönen Traum. Und der ging so: . . . aber das erzähle ich dir ein anderes Mal."

Für die Eltern: Der Hase Hops, . . ., oder

WENN KINDER LÜGEN, UM ZU GEFALLEN

Problemhintergrund
Peter ist acht Jahre alt. Er kam 1988 mit seinen Eltern und seiner kleinen Schwester aus der ehemaligen DDR in die BRD. Die Eltern erzählten mir, mit wie vielen Tricks und Schwindeleien sie ihren Umzug bewältigt hatten. Im bestehenden Scheidungskonflikt der Eltern beginnt Peter, Mutter und Vater, Großeltern, Verwandte und die Freunde der Eltern zu belügen. Er schafft damit nicht nur Verwirrung, Ärger und Streit, sondern zieht auch die Aggressionen von Mutter und Vater auf sich und leidet darunter. Kinder im Scheidungstrauma verstricken sich häufig in Lügen, um es allen recht zu machen. Ursache für die kindliche Verhaltensstörung ist in Peters Fall sowohl der Loyalitätskonflikt des Kindes als auch die Nachahmung des Verhaltens beider Eltern, die vielfach Zuflucht zu Lügen nehmen mußten, um in die Bundesrepublik übersiedeln zu können und dort Fuß zu fassen.

Ziel
Ich erzähle das Märchen beiden Eltern und dem Kind gemeinsam. Mein Ziel ist es, den Eltern klarzumachen, daß ihr Sohn nicht böswillig lügt, sondern als braves Kind sie nur nachahmt. Schließlich hat Peter Tricksen, Schwindeln und ähnliche Verhaltensweisen als sinnvoll erlebt. Wenn die El-

tern die Botschaft des Märchens begreifen, können sie aufhören, Peter zu strafen, und ihn liebhaben.

Erzählweise
Um dem Bewußtsein meiner Zuhörer die Möglichkeit zu nehmen, den Sinn des Märchens allzu leicht zu durchschauen, führe ich den Frosch als zweite Hauptfigur ein. Ich erzähle eine Geschichte in der Geschichte. Als Helfer fungiert der Mond. Ich gebe ihm die Fähigkeit, die ich Peters Eltern wünsche, um Peter zu einer Lösung seiner Probleme zu führen.
Als ich das Märchen zu Ende erzählt hatte, wiederholte der Junge in monotonem Singsang: „Ich hab' dich lieb, so wie du bist" und weinte dabei. Beide Eltern waren gerührt.

DIE VERMEINTLICHE ENTFÜHRUNG

In einem Land vor unserer Zeit lebte in einer Burg ein schönes, blondes Edelfräulein. Die Burg lag hoch auf einem Felsen über einer Schlucht, durch die ein Bergbach rauschte. So schön die Umgebung auch war, so langweilig war das Leben. Ein Tag verging wie der andere. Es fehlte dem Edelfräulein an nichts, doch hatte sie oft Sehnsucht nach etwas, von dem sie nicht einmal den Namen wußte. Ganze Tage verbrachte sie auf der Burgmauer, starrte in die Schlucht hinunter und sah immer nur den Bergbach in seinem engen Bett.
Eines Tages galoppierte ein fremder Ritter mit dunkler Haut und schwarzem Haar den schmalen Weg zur Burg hinauf. Als er vom Pferd sprang und mit seiner Hand donnernd gegen das Tor schlug, war es bereits um das Edelfräulein geschehen: Sie war in Liebe zu ihm entbrannt. Zitternd öffnete sie dem fremden Ritter. Er komme von weit her, berichtete er ihr, und suche für die Nacht einen sicheren Platz. Das Edelfräulein bot ihm Unterkunft und lud ihn zu Tisch, wo sie ihm die feinsten Speisen und Getränke servierte.
Sie saßen lange beieinander. Der Ritter erzählte dem Edelfräulein von seiner Heimat, die er verlassen mußte, weil dort arge Not herrschte. Er sprach von der langen, beschwerlichen Reise, die hinter ihm lag, und von seinen Plänen im Land des Edelfräuleins. Auch wenn sie ihn oft schwer verstehen konnte, weil er ihre Sprache nur bruchstückhaft beherrschte, hing sie an seinen Lippen und betrachtete zärtlich sein Gesicht, das so anders war als die Gesichter der Menschen in ihrem Land.

Es dauerte nicht lange, da merkte das Edelfräulein, daß der fremde Ritter ihre Liebe erwiderte. Der Ritter blieb über Nacht, er blieb den nächsten Tag und die nächste Nacht, und schließlich galt es als ausgemacht, daß er für immer bleiben würde.

Kurze Zeit darauf heirateten das Edelfräulein und der fremde Ritter. Sie waren so glücklich darüber, einander gefunden zu haben, daß sie nicht bemerkten, wie viele Menschen nicht damit einverstanden waren. Am meisten waren die Eltern des Edelfräuleins dagegen. Am Tage der Hochzeit seufzte ihre Mutter immerzu, und als das Edelfräulein und der Ritter die Ringe tauschten, sagte sie laut:

„Seht die feinen weißen Hände meiner Tochter! Niemals wird diese Ehe gelingen: sie so fein und weiß und blond, und er so schwarz und fremd!"

Der Ritter und das Edelfräulein zogen in eine neue Burg und waren glücklich miteinander. Bald wurde ihr Glück noch größer: Ihre kleine Tochter kam zur Welt. Sie war ein wunderschönes Kind mit der weißen Haut der Mutter und dem schwarzen Haar des Vaters. Sie wurde Bellinda genannt, ihre Eltern liebten sie sehr und taten alles für sie.

So gingen die Jahre ins Land. Bellinda wuchs heran, und die Verschiedenheit ihrer Eltern war eine Selbstverständlichkeit für sie. Sie saß gerne auf den Knien ihres Vaters und ließ sich Geschichten aus seiner Heimat erzählen.

Der Ritter fühlte sich jeden Tag heimischer in der Fremde, die nun sein Zuhause war. Bald schon ging er seinen Geschäften nach wie all die Ritter, die hier geboren waren. Doch gab es ihm liebe Gebräuche, die er aus seiner fernen Heimat mitgebracht hatte und die er nicht aufgeben wollte. So war er von einer Gastfreundlichkeit wie im Land des Edelfräuleins kein anderer mehr. Wer auch immer am Burgtor klopfte,

wurde von dem Ritter herzlich empfangen und in den Burgsaal geleitet, wo alsbald die herrlichsten Speisen aufgetragen wurden. Auch ein Quartier zur Nacht bekam der Gast angeboten, und der Ritter bat ihn täglich aufs neue, seinen Aufenthalt zu verlängern.
Ein wenig waren solche fremden Sitten auch der Grund dafür gewesen, daß das Edelfräulein sich in ihn verliebt hatte. Doch dann änderte sich ihre Einstellung. Das Edelfräulein verlangte, er solle diese Gebräuche nicht mehr ausüben. Der Ritter aber wollte nicht verzichten, und so begannen sie miteinander zu streiten. Das Edelfräulein keifte:
„Wenn du mich richtig lieben würdest, wäre es dir ein leichtes, diese albernen Sitten und Gebräuche zu lassen! Außerdem mache ich mich zum Gespött der Leute, wenn mein Mann solche fremden Dinge tut!"
Der Ritter brüllte zurück:
„Wenn du mich richtig lieben würdest, wäre es dir egal, was die Leute sagen! Zum Heiraten war ich gut genug, und jetzt soll ich für andere so tun, als sei ich kein Fremder! Niemals!"
So ging es hin und her. Darüber vergaßen sie, wie glücklich sie miteinander und mit ihrer Tochter gewesen waren. Bellinda konnte nicht verstehen, wieso nun alles so anders war, und litt sehr.
Immer schlimmer wurden die Streitereien. Eines Morgens weckte die Mutter Bellinda mit den Worten:
„Steh auf, Bellinda, wir verreisen!"
Bellinda war verwirrt, denn niemand hatte ihr von dieser Reise erzählt. Erst als sie mit ihrer Mutter und all dem Gepäck in einer Kutsche aus dem Burghof herausrumpelte, bemerkte sie, daß ihr Vater nicht dabei war. Sie fragte ihre Mutter, und diese antwortete:

„Wir müssen gehen. Dein Vater und ich sind zu verschieden, wir hätten niemals heiraten dürfen."
Sie sagte dies mit solcher Entschiedenheit, daß Bellinda keine Frage mehr zu stellen wagte.
Die Reise führte zu der Burg hoch oben auf den Felsen über der Schlucht, wo die Mutter bis zu ihrer Hochzeit gelebt hatte. Dort oben richteten sich Bellinda und ihre Mutter ein.
Nun war es Bellinda, die oft auf der Burgmauer saß und in die Schlucht mit dem Bergbach sah. Sie vermißte ihren Vater, und lange hielt sie vergeblich Ausschau nach ihm, dem fremden Ritter. Eines Tages galoppierte er den schmalen Weg zur Burg hinauf, sprang vom Pferd und schlug donnernd gegen das Tor. Bellindas Mutter öffnete ein Fenster und rief zu ihm herab:
„Was willst du hier? Reite deines Weges, dies ist nicht deine Burg und nicht dein Land, und ich bin nicht mehr deine Frau!"
„Aber Bellinda ist meine Tochter", schrie der Ritter zurück, „ich will sie sehen, will mit ihr sprechen und sie in die Arme schließen!"
Statt einer Antwort schlug das Edelfräulein das Fenster zu und schickte die Burgwachen aus, um den Ritter zu vertreiben. Bellinda mußte traurig zusehen, wie ihr Vater verjagt wurde.
Doch er kam zurück. Diesmal brachte er Hilfe mit. Wieder rief er nach Bellinda, und wieder wurde ihm verweigert, sie zu sehen. Die Ritter, die mit ihm gekommen waren, versuchten die Burg zu stürmen, doch diese trotzte jedem Angriff.
Der Ritter kam zum dritten Mal zur Burg und schrie:
„Ich will meine Tochter sehen! Nur für eine Stunde! Laßt mich zu meiner Tochter!"
Die Edelfrau öffnete ein Fenster:

„Du willst sie mitnehmen in deine fremde Heimat, ich weiß es genau! Niemals werde ich dir meine Tochter geben!"
So wurde der Streit um Bellinda immer heftiger. Je öfter ihr Vater versuchte, in die Burg einzudringen, um Bellinda zu sehen, und je mehr Ritter und Knappen er zu seiner Hilfe mitbrachte, desto stärker wurde die Burg gesichert, die Mauer erhöht, der Graben vertieft.
Eine Tages faßte sich Bellinda ein Herz. Sie sagte zu ihrer Mutter:
„Bitte, laß mich doch einmal hinausgehen, wenn mein Vater kommt. Zu gerne würde ich ihn wiedersehen, mit ihm sprechen, auf seinen Knien sitzen und mir Geschichten erzählen lassen!"
Die Mutter schlug die Hände vors Gesicht und schluchzte:
„Ich kann nicht, mein Kind, er wird dich entführen, ich weiß es genau! Wenn er dich in Händen hat, wird er dich in die Fremde bringen, und ich werde dich nie wiedersehen!"
Bellinda konnte das nicht glauben, denn sie wußte, daß ihr Vater ihr niemals ein Leid antun würde. Doch konnte sie ihrer Mutter nicht widersprechen, so sehr grämte sich diese und so stark war ihr ängstlicher Aberglaube.
Bellindas Leben in der Burg wurde von Tag zu Tag beschwerlicher und langweiliger. Die Angst ihrer Mutter wurde so groß, daß sie alles tat, um die Burg zur sichersten des Landes zu machen. Die Burgmauer wurde erhöht und mit spitzen Eisenkronen versehen, der Burggraben vertieft und verbreitert, Wachen über Wachen liefen ihre Runden. Auch in der Burg wurde vieles verändert.
Bellinda durfte kaum noch ihr Zimmer verlassen, das mehr und mehr einem Gefängnis glich. Sie durfte nicht mehr auf der Burgmauer sitzen und konnte sich kaum noch daran erinnern, daß sie einmal im Wald gespielt hatte.

Sie verbrachte ihre Tage damit, ein Buch nach dem anderen zu lesen und benutzte ihre Phantasie, um ihr Leben schöner zu träumen, als es war. Eines Tages fand sie in einem der Regale ein altes Buch mit schwerem Ledereinband, das in den Jahren vergilbt und verstaubt war. Neugierig blätterte sie darin und fand eine Geschichte, die sie von der ersten Zeile an in Bann schlug:

„Ein reicher Mann besaß einen Garten, in dem die schönsten und fruchtbarsten Apfelbäume standen. Als die Äpfel reif waren, ging er voll Stolz durch den Garten und kostete sie. Da kam ein Mann vorbei, blieb stehen, als er all die Äpfel sah, und sagte:
‚Bitte, gebt mir einen Eurer köstlichen Äpfel. Ihr habt so viele davon, und ich bin so hungrig!‘
‚Nein‘, antwortete der reiche Mann, ‚du willst mich bestehlen, ich kenne deine Absicht. Wenn ich dir einen Apfel gebe, wirst du mir alle nehmen!‘
Der reiche Mann jagte den armen davon und drohte, die Hunde auf ihn zu hetzen, wenn er wiederkäme. Als er am nächsten Morgen in seinen Garten kam, waren die Apfelbäume kahl. Unter dem größten fand er einen Zettel, auf dem stand:
‚Reicher Mann, hättest du mir einen deiner Äpfel gegeben, wäre ich satt gewesen und weitergezogen. So nagte der Hunger an mir, und ich blieb in der Nähe, um dich zu überlisten und meinen Hunger zu stillen. Als ich mich nachts in deinen Garten schlich, dachte ich: Wenn ich mich schon zum Dieb mache, dann ist es gleich, wieviel ich stehle. So nahm ich alle Äpfel. Geschenkt hätte ich nur einen genommen.‘"

Bellinda las die Geschichte wieder und wieder. Schließlich nahm sie das alte, schwere Buch, ging zu ihrer Mutter und las

ihr die Geschichte vor. Als sie zu Ende war, sagte Bellinda leise:
„Bei uns ist es wie bei dem Streit um die Äpfel. Mein Vater ist hungrig danach, mich zu sehen, und wenn er seinen Hunger nicht stillen darf, wird er mich stehlen. Je größer sein Hunger nach mir ist, um so mehr wird er versuchen, zu mir zu gelangen. Keine Burg der Welt ist sicher genug, um solch einem Hunger etwas entgegenzusetzen. Für mich ist die Burg ein Gefängnis geworden, das ich nicht verlassen darf."
Bellindas Mutter schwieg lange und flüsterte schließlich:
„Vielleicht hast du recht. Meine Angst, dich zu verlieren, ist so groß, daß ich dich selbst hinter den dicksten Mauern und den tiefsten Gräben nicht sicher wähne. Ich werde wohl nie eine Mauer bauen können, die höher ist als meine Angst."
Von draußen drangen Geschrei und Waffenklirren herein, wieder einmal wurde die Burg von dem Ritter und seinen Verbündeten belagert.
„Komm mit", sagte Bellindas Mutter. Gemeinsam verließen sie das Zimmer, überquerten den Burghof und gingen zum Tor. Bellindas Mutter befahl den Wachen, das Tor zu öffnen. Ungläubig und verblüfft gehorchten sie ihr. Vor dem Burgtor hatten sich viele Ritter auf ihren Pferden versammelt, angeführt von einem großen Ritter in funkelnder Rüstung und mit heruntergeklapptem Visier. Als sich das Tor öffnete und Bellinda und ihre Mutter aus der Burg traten, wurde es still. Niemand sprach, nur die Pferde schnaubten leise und traten auf der Stelle. Der große Ritter klappte sein Visier hoch. Bellinda erkannte ihren Vater.
„Höre", sagte die Edelfrau zu dem Ritter, „hier bringe ich dir unsere Tochter. Ich kann meine Angst, daß du sie entführst und weit weg in deine Heimat bringst, kaum bezwingen.

Aber ich werde dir glauben, wenn du mir vor all den Rittern dein Ehrenwort gibst, daß du Bellinda zurückbringst."
„Vor all den Rittern hier gebe ich mein Ehrenwort", sagte der Ritter feierlich und streckte die Hand aus, „komm, Bellinda, lange schon habe ich darauf gewartet, dich zu sehen, beinahe zu lange schon! In der Abenddämmerung bringe ich dich zurück."
Bellinda lief auf ihn zu, ihr Vater zog sie auf sein Pferd und ritt langsam mit ihr davon. Glücklich winkte Bellinda ihrer Mutter zu und rief:
„In der Abenddämmerung bin ich zurück!"
Und Bellinda wußte, daß das die Wahrheit war.

Für die Eltern: Die vermeintliche Entführung, oder

ANGST IST EIN SCHLECHTER RATGEBER

Problemhintergrund
Bellinda ist sieben Jahre alt. Ihre Mutter ist Deutsche, ihr Vater dunkelhäutiger Ausländer. Nach der Trennung der Eheleute entzieht die Mutter dem Vater die Tochter und begründet ihr Verhalten mit Angst vor Entführung. Als der Vater die Tochter nicht mehr sehen darf, droht er tatsächlich, sie in seine Heimat mitzunehmen. Das steigert die Angst der Mutter. Sie versteckt und bewacht die Tochter.

Ziel
Das Märchen soll Bellinda Mut machen, ihren Wunsch nach Nähe zu ihrem Vater auszudrücken. Die Mutter soll erkennen, daß ihr Verhalten die Gefahr einer Entführung vergrößert, wenn nicht erst schafft. Es gibt keinen Schutzwall, der höher ist als die Angst der Mutter. Das Kind erlebt statt des angenehmen Gefühls der Sicherheit und Geborgenheit die Beklemmung des Eingesperrtseins. Schließlich soll der Mutter verdeutlicht werden, daß der Vater, der sie bedroht, zu Recht das Vertrauen des Kindes genießt.

Erzählweise
Die Metapher verdeutlicht, wie das Problem durch Eskalation scheinbar unlösbar wird. Die Hilfe kommt aus der Weisheit eines Märchens im Märchen. Die Lösung ist: „Tue etwas Neues in einer festgefahrenen Situation, und tue es mit ganzem Herzen!"

TOM AUF GROSSER FAHRT

Tom ist ein begeisterter Pfadfinder. Eines Tages geht er mit seiner Gruppe auf große Fahrt. Es soll eine Schiffsreise werden, eine Reise in das Land, in dem es die leckersten Spaghetti gibt und in dem es wundervoll nach Zimt duftet. Tom ist pünktlich am Hafen – sein Rucksack ist entsetzlich schwer, und die Füße tun ihm weh. „Nur schnell auf das Schiff und die Füße ausruhen", denkt er. Kurz nachdem er ein weiches, warmes Bett in einer Doppelkajüte gefunden hat, tutet das Schiff laut und legt vom Hafen ab. Tom schläft ermattet ein. Als er wach wird, an Deck des Schiffes geht und sich umsieht, stellt er fest, daß er von den Mitreisenden niemanden kennt. Das verwirrt ihn, schließlich ist er ja mit seiner Pfadfindergruppe losgezogen. Im selben Augenblick aber streicht ihm ein verführerischer Duft von gebratenen Zwiebeln mit Speck um die Nase. Er läßt sich von dem Geruch leiten und landet in der Schiffskombüse beim Koch. „Aha", sagt dieser, „du bist wie ich, ein Feinschmecker, wir beide können uns gut riechen." Tom sitzt an diesem Tag lange mit dem sympathischen Koch in der Kombüse.
Auf seinem Weg zurück über das nächtlich dunkle Schiffsdeck in seine Kajüte kommt ihm wieder die Frage: „Wo sind meine vertrauten Kameraden?" Und er denkt: „Ich habe noch kein einziges Pfadfinderhemd an Bord gesehen." Auch den Jungen, der mit ihm die Kajüte teilt, kennt er nicht. Weil der aber wunderschön Mundharmonika spielt, schläft Tom darüber ein und vergißt seine Zweifel. Am nächsten Tag an Deck, als er sich gerade aufmachen will, seine Lage zu klären, tritt ein alter Herr mit Bart auf ihn zu, der sich offenbar lang-

weilt. Er erzählt Tom stundenlang von seinen Reisen in ferne Länder und von den Abenteuern, die er erlebt hat. Als es schließlich dunkel wird und Tom zurück zur Kajüte geht, denkt er: „Ich weiß immer noch nicht, wo meine Freunde sind und wo dieses Schiff hinfährt, ich werde meinen Zimmergenossen fragen." Aber der schläft schon. Tom liegt lange wach. Er ist traurig und hat zugleich Angst. Als die Sonne am nächsten Tag scheint und ihn an Deck ein Junge zum Ballspielen einlädt, sagt er „ja" und verbringt den Tag mit Spielen. So geht das alle Tage, wochenlang. Jede Ablenkung ist Tom recht, um nicht an seine Fragen denken zu müssen. Aber nachts ist er immer öfter traurig und ängstlich, zuletzt sogar wütend: Er hat Wut auf die Freunde, die nicht da sind, und Wut auf das Schiff und Wut auf Sonne, Mond und Sterne. Meist wird er morgens wütend wach. Er rast an Deck und tritt gegen Liegestühle, zerrt den Schiffshund am Schwanz und schreckt die alten Damen aus dem Schlaf auf. Die Mitreisenden beginnen, einen großen Bogen um ihn zu machen. Tom bleibt auch am Tag in seiner Kajüte und vergräbt sich immer mehr in seine schlimmen Gefühle. Dabei entdeckt er: „Wenn ich viel esse, bin ich frei von den quälenden Fragen, Vorwürfen und der ohnmächtigen Wut." Also stopft Tom sehr viel in sich hinein und wird von Tag zu Tag dicker und unglücklicher.

Als er eines Nachts überhaupt nicht schlafen kann, weil er zu viele Spaghetti gegessen hat, schleicht er sich traurig auf Deck, dabei verläuft er sich. Die Nacht ist tiefschwarz und regenkalt. Tom friert. Er sucht vergeblich nach seiner Kajüte. Endlich entdeckt er einen einsamen Lichtschein an Deck und geht auf ihn zu. Mit letzter Kraft öffnet er eine schwere Türe und steht im Kommandoraum des Schiffes. Ein grauhaariger, alter Mann schaut von seiner Arbeit an einem Meßgerät auf und sagt drohend: „Bürschchen, was suchst du hier?" Tom kann vor Schreck nicht antworten, naß, frierend und hundemüde sinkt er an der Türe zusammen. Da brüllt der Grauhaarige: „Steh auf, verdammter Bengel, und hilf mir gefälligst, wenn du schon ungebeten hereinschneist!" Tom gehorcht zitternd. Mit wenigen, schroffen Worten zeigt der Navigator Tom seine Aufgabe. Er muß auf einem Meßgerät bestimmte Zeichen erkennen und blitzschnell mit einem Knopfdruck darauf reagieren. Das erfordert eine hohe Konzentration. Anfangs ist Tom viel zu langsam, und der Navigator brüllt ihn schrecklich an. Aber dann packt Tom der Ehrgeiz, und schließlich, als draußen schon der Morgen graut, beherrscht er seine Arbeit perfekt. „Geh schlafen, Bürschchen", brummt der Alte und, „du kannst wiederkommen." Schwankend vor Müdigkeit, aber stolz und überglücklich sinkt Tom in sein Bett.

Von nun an besucht er den Alten Nacht für Nacht. Brummend und wortkarg zeigt der Navigator ihm, wie man ein Schiff steuert. Tom lernt fasziniert die Sprache von Wind, Wellen, Mond und Sternen. Er bewundert seinen Lehrmeister. Zum Essen hat Tom weder Zeit noch Lust, und die schweren Gedanken und die traurigen Gefühle kommen nur noch selten.

Als das Schiff nach drei Monaten endlich Land erreicht, ist Tom ein guter Navigator. Der Alte bietet ihm an, weiter mit ihm gemeinsam zu arbeiten. Aber Tom geht an Land, nimmt auf einem anderen großen Schiff Arbeit an und geht alleine auf große Fahrt.

Für die Eltern: Tom auf großer Fahrt, oder

EIN KIND IM ROLLENKONFLIKT

Problemhintergrund
Tom ist zwölf Jahre alt. Die Mutter nahm, als sie sich von ihrem Mann trennte, den Jungen mit, ohne ihn zu fragen. Sie zog mit ihm in eine fremde, weit entfernt liegende Stadt. Toms Vater blieb mit Toms Bruder im Elternhaus. Beide Eltern begehren die Alleinsorge für Tom. Tom fühlt sich als Mutters männlicher Beistand, als Sohn seines Vaters, als Spielgefährte des Bruders. Diese Rollenvielfalt, zusammen mit Toms Alltagsbelastungen – Schulwechsel, Umzug, Großstadt, Geldmangel –, überfordert Tom. Er ist verhaltensauffällig. Seine Stimmung wechselt zwischen Aggression und Depression. Während der Depression ißt er übermäßig. In der Schule versagt Tom trotz guter Intelligenz mehr und mehr.

Ziel
Ziel der Geschichte ist es, Tom zu motivieren, seine Kräfte auf die Lösung seines Schulproblems zu konzentrieren, statt sich in Rollenkonflikten zu verheddern.

Erzählweise
Als Metapher für Toms Leben verwende ich eine Schiffsreise. Die Hilfe, die Tom vom Problem zur Lösung führen kann, besteht in engagiertem Lernen. So übernimmt er die Verantwortung für sich selbst und findet einen Ausweg aus den Rollenzuweisungen der Eltern. Indem er ein Ziel konsequent verfolgt, erhält sein Leben wieder einen von ihm bestimmten Sinn.

DER ZAUBERHONIG
MARKE „UNVERLETZBAR"

Hinten am Waldrand, wo die Wiese sanft zum Fluß hinunterzieht, steht ein mächtiger, alter Nußbaum. In seiner Krone wohnen Blaumeisen und Rotschwänzchen. Das flinke, braune Eichhörnchen hat in luftiger Höhe seine Baumhöhle. Die Baumrinde gibt unzähligen Käfern, Raupen und Mücken Quartier. In den morschen Teilen des Stammes hat ein großes Bienenvolk seine Waben aufgehängt. Zwischen den Wurzeln im Erdreich wohnt eine graue Mäusefamilie mit vielen zappeligen Mäusekindern in Nachbarschaft mit einer fetten, fahlen Erdkröte. Dicht daneben ist der Eingang zur Höhle der Bären. Tief unten im warmen, weichen Erdreich wohnt die Bärenmutter mit ihrem Bärenjungen Brummeli. Der kleine Bär liebt das Leben in der Erdhöhle. Da ist es dämmerig, schummerig, es riecht angenehm nach Muttererde und warmem Bärenfell und natürlich nach Honig, denn die Bärenmama hat immer einen großen Tontopf voll mit dem allerfeinsten Honig der Wildbienen bereit. Auf dem Topf klebt ein großes Schild mit der Aufschrift „Honig – Marke Unverletzbar". Das ist für Brummeli besonders wichtig. Schon einige Male hat er bei seinen Ausflügen an den Waldrand versucht, den wilden Bienen im Nußbaumstamm ihren süßen Honig zu klauen, und jedesmal ist er schreiend und mit zerstochener Nase zu Mutterbär und dem großen Honigtopf zurückgeflüchtet. Mutterbär zog ihm dann die Stacheln aus der Nase, was schrecklich weh tat, nahm ihn in ihre starken, kuscheligen Arme und gab ihm vom Honig – Marke „Unverletzbar", bis er sich wieder rundherum wohl und geborgen fühlte. Ja, das Leben in der Bärenhöhle unter dem schützenden, alten Nußbaum ist angenehm.

Aber eines Tages, als Mutterbär im Wald nach Nahrung sucht und Brummeli gerade beim Schlafen die schönsten Honigträume hat, da geschieht etwas Furchtbares. Die Erde beginnt zu wanken, zu beben, ein gewaltiges Krachen zerreißt die Luft, es grollt, poltert, splittert, grelles Licht durchzuckt die sonst dämmerige Bärenhöhle. Als Brummeli angstvoll die Augen öffnet, sieht er das Entsetzliche: Die Erde ist geborsten, Steine und Geröll türmen sich überall, die Krone des alten Nußbaumes liegt zerrissen neben dem gespaltenen Stamm. Alle Tiere sind in heller Aufregung. Sie flattern und kreischen durcheinander: „Rettet das Rotschwänzchen, es ist unter dem Ast eingeklemmt, befreit die Mäuslein zwischen den Steinen, wo ist mein mühsam selbstgebautes Nest?" Das Bienenvolk schwirrt mit schrillem Gesumm wild durcheinander. Brummeli sieht die erregten Bienen und flieht dorthin zurück, wo noch vor kurzem die schützende Bärenhöhle war. Wo ist der Honigtopf? Ach, ein Stein hat ihn zertrümmert. Die gelbe Masse fließt klebrig über die Erde, und Hunderte von Bienen stürzen sich darauf. Brummeli rennt, so schnell er kann, nach draußen und schreit laut nach seiner Bärenmama. Er erhält keine Antwort. Sie ist ja weggegangen, auf Nahrungssuche. Da fällt dem Bärenkind ein, daß er noch einen Bärenpapa hat und eine Bärenschwester. Die sind vor langer Zeit weggezogen und haben sicherlich eine schöne, warme, unversehrte Bärenhöhle. Er macht sich weinend auf den Weg, um sie zu suchen. Wenn ihn der Hunger quält, tröstet er sich: „Es gibt beim Papa sicher guten Honig Marke ‚Unverletzbar'." Als er nach Tagen entkräftet bei Vater- und Schwesterbär ankommt, freuen sich alle. Dort bekommt er aber nur Jo-

hannisbeermarmelade mit Kernchen drin. Die Höhle von Vaterbär hat vom Erdbeben riesige Risse. Vaterbär ist viel mit Reparaturen beschäftigt. Wenn Brummeli ihm helfen will, sagt er genervt: „Laß mich in Ruhe, dann geht es schneller." So verläßt Brummeli nach ein paar Tagen seinen Vater und seine Schwester wieder. Er weiß nicht recht, wohin er gehen soll, und manchmal hat er große Angst alleine im Wald.
Eines Tages macht er erschöpft auf einer grünen Wiese Rast. Er fühlt sich herzenseinsam und alleingelassen und ungerecht bestraft. Da zwickt ihn etwas hinten in seinen Bärenschwanz. Er fährt auf und schreit: „Eine Biene, eine Biene!" Aber im Gras kichert es, und als er sich mutig herumdreht, steht ein Bärenjunge vor ihm, den er noch nie gesehen hat. „Sitz hier nicht so faul herum, du Träumer", sagt der, „hilf uns lieber unser Floß bauen. Wir wollen reisen." Brummeli versteht gar nichts und reißt, statt zu antworten, nur seine kugeligen, braunen Augen weit auf. Der andere ruft: „Du trübe Tasse", und läuft davon. Neugierig steht Brummeli auf, läßt seine Tagträume vom Honigtopf hinter sich und folgt der Spur im Gras. Weil er ängstlich ist, braucht er lange, bis er den Bärenjungen wiederfindet. Der ist nicht mehr allein: Am Fluß sind über zehn Jungbären damit beschäftigt, Stämme und dicke Äste zusammenzutragen. Andere holen zu dritt und zu viert lange Lianen vom Waldrand. Gemeinsam bauen sie ein Floß. Einer der fleißigen Bären entdeckt Brummeli und sagt: „Komm, hilf uns, du kannst mit uns fahren, das macht richtig Spaß."
Brummeli packt wortlos zu. Anfangs fällt ihm das Heben und Tragen sehr schwer, denn er ist schwach, und wenn er ganz alleine in den Wald geschickt wird, um Äste zu holen, überfällt ihn wieder die Angst. Die Bärenjungen tun alles gemeinsam und lachen dabei, sie schubsen sich und schlagen rückwärts

Purzelbäume. Brummeli gefällt das, und er wird von Tag zu Tag stärker und mutiger. Am Fluß lernt er fischen, Fische schmecken ihm vorzüglich. Eines Tages zeigt ihm Schlaubär, wie man unversehrt von den Bienen den süßen Honig bekommt: „Geh langsam", sagt er, „setz dich zu ihnen immer dann, wenn sie in der Sonne spielen, bringe ihnen in deinem Bärenfell Blütenpollen mit. Dann wollen sie mit dir spielen, ihr brummt und summt miteinander, und sie bieten dir ihren Honig ganz von alleine an, weil sie wissen, daß du sie magst." Brummeli befolgt den Rat. Jetzt kann er Honig schlecken, so oft er will.

Wenig später ist das Floß fertiggebaut. Alle Bärenjungen gehen gemeinsam auf eine große Abenteuerreise. Wo sind sie wohl hingefahren?

Für die Eltern: Der Zauberhonig . . ., oder

DIE LOSLÖSUNG AUS DER MUTTERSYMBIOSE

Problemhintergrund

Die Mutter von Hans trennte sich von ihrem Mann und nahm den sieben Jahre alten Jungen und seine ältere Schwester mit in eine fremde Stadt. Die ältere Schwester kehrte von sich aus zum Vater zurück. Die Eltern streiten nun über die Sorge für Hans. Der Vater wirft der Mutter sexuellen Mißbrauch von Hans vor, weil sie den Jungen bis zu seinem vierten Geburtstag gestillt habe. Aus Angst, ihr zweites Kind an den Vater zu „verlieren", verhält sich die Mutter Hans gegenüber körperlich unsicher und verängstigt. Hans flüchtet in regressive Verhaltensweisen: Er greift fremden Frauen in die Bluse oder saugt ihnen am Ohrläppchen und will bei seiner Schwester im Bett schlafen. Die Verhaltensweisen sind für den Vater ein Grund, den Druck auf die Mutter zu verstärken. Hans' Problem besteht jedoch nicht in vermeintlichen sexuellen Angeboten der Mutter, sondern in der durch die Symbiose vernachlässigten sozialen Entwicklung.

Ziel

Das Märchen soll Hans helfen, sich aus der Muttersymbiose zu lösen, zu körperlicher Eigenständigkeit zu finden und sich in seinem eigenen Körper sicher zu fühlen.

Erzählweise
Die Erzählweise des Märchens ist „klassisch". Der Handlungsfaden beginnt beim Problem der symbiotischen Überbehütetheit und führt über die Katastrophe der Elterntrennung zur Lösung: dem zufriedenen Leben in der Anerkennung Gleichaltriger. Die Bärenfreunde sind die Helfer des Kindes.

DIE VIERZIG ENTEN
mit den roten Köpfchen, den grünglänzenden Flügeln und dem Krönchen auf dem Kopf

Der breite Fluß hat wunderbar blaues, klares und kühles Wasser. Er fließt zwischen steilen, bewaldeten Bergen, bis er an eine Stelle kommt, an der er sich in zwei gleich breite Flüsse teilt.

Dort, wo sich der Fluß teilt, ist die Uferlandschaft nicht mehr steil und felsig. Das Land zwischen den beiden Flußarmen ist sanft und hügelig, von der Sonne verwöhnt und überaus fruchtbar. Hier wachsen Milchschokoladenbäume, und die Vanilleeisbüsche zeigen zweimal im Jahr ihre leckeren Fruchtbällchen.

An diesem lieblichen Flecken haben Menschen ein Dorf gebaut, einen König gewählt und mitten im Dorf für ihn ein Schloß errichtet. Der König hat zwei Söhne. Einer der beiden ist groß, hat schwarze Haare und trägt immer eine grüne Zipfelmütze; er heißt Graf Mondlicht. Der andere ist kleiner, hat blonde Locken und trägt eine rote Zipfelmütze; er heißt Graf Sonnenschein.

Als der König alt geworden ist und stirbt, fangen seine Söhne an, miteinander zu streiten. Jeden Abend, wenn es Fernsehzeit wird, entbrennt der gleiche heftige Streit zwischen ihnen: Graf Mondlicht will Nachrichten sehen, Graf Sonnenschein unbedingt den Sport. Sie streiten darüber so häßlich laut, daß die Bewohner des Dorfes nicht mehr schlafen können. Eines Abends brüllt Graf Mondlicht seinen Bruder an: „Mir reicht es jetzt, ich halte es mit dir nicht mehr aus!" Graf Sonnen-

schein schreit zurück: „Ich wollte gestern schon abhauen!"
Beide satteln gleichzeitig ihre Pferde, verlassen das Schloß und reiten in entgegengesetzte Richtungen. Sie sind so wütend, daß sie Staubwirbel entfachen und ihre Pferde Funken versprühen.

Graf Mondlicht überquert den linken Arm des Flusses, baut sich oben in den Bergen eine Burg und errichtet seine Fernsehantenne darauf; Graf Sonnenschein reitet über den rechten Arm des Flusses, baut sich eine Burg hoch oben im Fels und stellt ebenfalls seine Fernsehantenne darauf. Zugleich bauen beide riesige Abschußrampen für Kanonen. Nun beschießen sie sich täglich. Es tost, dampft und stinkt nach Schießpulver, Dampfschwaden steigen auf, und ein heftiges Dröhnen läßt die Luft erzittern: Mal schießen sie mit Niespulver, mal mit Radieschen, und manchmal sind es Leuchtkugeln oder Seifenblasen.

Die Dorfbewohner sind froh, daß die beiden sich nicht mehr unten im Dorf in ihrer Mitte streiten. Sie ernten die Schokoladenbäume ab und essen mit viel Genuß das reife Vanilleeis von den Büschen. Sie genießen ihr Leben in vollen Zügen.

Im Dorf wohnt ein besonders schlauer und pfiffiger Junge namens Christoph. Er entdeckt eines Morgens, daß sich im rechten Seitenarm des Flusses eine seichte Stelle, eine Furt, befindet. Offenbar hatte der Fluß dort immer mehr und mehr Sand angelagert. Christoph kann durch den rechten Flußarm hindurch bis zum anderen Ufer waten. Zuerst behält er seine Entdeckung für sich und schleicht heimlich bei Nacht und Nebel hinauf zur Burg des Grafen Sonnenschein. Er hat Angst, Graf Mondlicht könnte ihn sehen und deswegen ausschimpfen. Das will Christoph nicht, denn er mag beide Grafen.

Graf Sonnenschein freut sich riesig, und die beiden schwatzen lange miteinander.

Später erzählt Christoph seinen Freunden davon, schließlich weiß es das ganze Dorf, und weil Graf Mondlicht anscheinend nichts bemerkt hat, laufen die Dorfbewohner ungeniert auch bei Tage zum Grafen Sonnenschein und verkaufen ihm Schokolade, Vanilleeis, Tomaten und gerupfte Hühner, die sie selbst gezüchtet haben. Graf Sonnenschein kommt oft ins Dorf hinunter und sitzt so manchen Abend mit den Dorfbewohnern in seinem ehemaligen Schloß und schwatzt mit ihnen von den alten Zeiten.

Eines Morgens, als Christoph wie gewohnt sehr früh auf seinen Lieblingsschokoladenbaum geklettert ist, um nachzusehen, ob über Nacht vielleicht ein kleines Täfelchen von der besonders leckeren Milchschokolade gereift ist, sieht er plötzlich, als sein Blick wie gewohnt auf die Burg des Grafen Mondlicht fällt, etwas Merkwürdiges: Links hinter der Burg schaut etwas hervor, das aussieht wie ein Entenkopf, und doch ganz anders: Es ist viel größer, rot und trägt auf dem Kopf wahrhaftig ein goldenes Krönchen. Dann verschwindet es wieder.

Christoph reibt sich die Augen und meint, er habe geträumt. Von da an hält es ihn keine Nacht mehr im Bett, und längst vor Tau und Tag sitzt er auf dem höchsten Schokoladenbaum und starrt in Richtung der Burg des Grafen Mondlicht; und eines Morgens, da geschieht es dann . . .

Um die Ecke der Burg kommt eine große Ente gewatschelt. Sie hat einen roten Kopf mit einem goldenen Krönchen und grünglänzende Flügel auf einem nachtblauen Körper. Hinter ihr kommen noch neununddreißig Enten, die genauso aussehen wie sie, teils sind sie jünger, teils älter als die erste. Während sie den Weg hinunter zum Fluß watscheln, funkelt das

Gefieder der Enten in der aufgehenden Sonne so hell, daß Christoph vor Staunen fast vom Baum fällt. In diesem Moment donnert ein einzelner Schuß von der Burg des Grafen Mondlicht zur Burg des Grafen Sonnenschein hinüber, und der graue Pulverdampf verhüllt das Flußtal.

Christoph rennt, so schnell er kann, ins Dorf und erzählt, was er gesehen hat.

Alle Bewohner eilen zum linken Flußufer und sehen zu, wie die riesigen bunten Enten sich dem Wasser nähern und dann eine nach der anderen ins Wasser hineingleiten und geradewegs in Richtung des Dorfes schwimmen.

Alle sind wie Christoph vom glitzernden Schimmern der Tiere in der Sonne und von ihren Krönchen fasziniert.

Als aber die erste Ente an Land steigt, bekommen es die Menschen mit der Angst zu tun. Sie rennen, so schnell sie können, in ihre Häuser, verschließen ihre Türen, lassen die Rolläden hinunter und drehen die Fernseher an. Auch Christoph reagiert so.

Nach einer kleinen Weile aber kommt er sich reichlich dumm vor. Außerdem juckt ihn die Neugier. Er zieht den Rolladen etwas hoch und späht durch die Spalten auf den Marktplatz. Was er dort sieht, ist eher amüsant und lustig als beängstigend: Alle vierzig Enten, die großen wie die kleinen, drehen sich zu einer unhörbaren Musik im Kreise, lächeln dabei, wackeln sanft mit dem Kopf und heben ihre schillernden Flügel, als wolle jede der anderen ihre Schönheit zeigen.

Christoph geht hinaus zu den Enten. Nach und nach kommen die Dorfbewohner dazu, denn sie sehen, daß die Enten friedlich sind.

Am Abend, als es dämmert, kommt einer der Dorfbewohner auf die Idee, dem Grafen Sonnenschein ein solches Tier zu bringen. Er denkt, Graf Sonnenschein ißt gerne Hühner, und diese Tiere haben mehr und sicher besseres Fleisch. Da er die Ente, die er gefangen hat, nicht töten kann, weil sie so wunderschön und fremdartig ist, bringt er sie dem Grafen Sonnenschein lebend. Der Graf nimmt die Ente dankend entgegen, setzt sie in seinen Stall und freut sich, daß sie so besonders groß und schwer ist. Im Laufe der Nacht kommen viele Dorfbewohner auf die Idee, sich beim Grafen durch eine fette Ente heimlich beliebt zu machen, und so sind, als der Morgen graut, alle vierzig Enten im Stall des Grafen Sonnenschein.

Als der Graf nun nach der unruhigen Nacht bei hellem Tageslicht aufwacht und zu seinem Stall geht, um sich die Gaben der Dorfbewohner anzusehen und sich mit dem Küchenmeister über die Möglichkeiten zu beraten, vierzig Enten auf einmal tiefzufrieren, da bleibt ihm beim Anblick dieser buntgefiederten, schillernden Tiere, die sich so anmutig im Kreise drehen, der Mund offenstehen. Er sagt zu einer Ente: „Dich kann ich doch nicht in die Pfanne hauen – aber was mache ich denn jetzt?"

Da kommt ihm ein guter Gedanke.

Als die tiefe Nacht hereingebrochen ist, treibt er alle vierzig Enten hinunter zum Fluß, dorthin, wo der Strom noch breit und ungeteilt zwischen den Felsen fließt, und wo am anderen Ufer die Burg des Grafen Mondlicht ragt, und treibt sie weiter, ins Wasser hinein.

Wenn du heute mit Christoph auf den Schokoladenbaum kletterst, dann kannst du sie sehen, die vierzig schillernden Enten ... oder sind es mehr geworden?

Seitdem sie den Weg über den Fluß und über die Flußarme kennen, leben einige immer zwischen dem Dorf und der Burg des Grafen Mondlicht und einige immer zwischen dem

Dorf und der Burg des Grafen Sonnenschein, wieder andere leben zwischen beiden Burgen, und schließlich gibt es noch die, die immerzu im Kreise herumschwimmen.

Graf Mondlicht und Graf Sonnenschein haben längst aufgehört, sich gegenseitig zu beballern, weil sie Angst haben, eine der wunderschönen, schillernden Enten zu treffen.

Für die Eltern: Die vierzig Enten . . ., oder

WIE DAS SCHÖNE DEN STREIT BESIEGT

Problemhintergrund
Die Eltern von Daniela, einem intelligenten, neunjährigen Mädchen, haben sich in heftigem Kampf getrennt und streiten seit drei Jahren ununterbrochen, mittlerweile durch mehrere Gerichtsinstanzen. Die Anwaltsschriftsätze schildern ausführlich jeden kleinen Fehler und jedes Versagen von Mutter und Vater. Daniela, die bei der Mutter lebt und den Vater regelmäßig sieht, kennt die wechselweisen Vorwürfe ihrer Eltern. Sie widersprechen ihrem persönlichen Eindruck und ihren Gefühlen. Daniela frißt die Spannungen in sich hinein. Sie hat Übergewicht. Das ist die Situation, in der ich die Familie kennenlerne.

Ziel
Die Lösung, die ich Daniela und ihren Eltern durch meine Geschichte anbiete, besteht in der Überzeugung, daß es für jeden Menschen etwas gibt, das ihm wichtiger und wertvoller ist als Streit. Ich berichte Daniela davon, daß eines Tages, unerwartet, die Schönheit über das Häßliche und die Lebenslust über den Streit siegen werden.

INDIANERJUNGE
TANZENDE FEDER

In der Prärie, wo die Büffel donnernd über endlose Steppen galoppieren und der Himmel weit ist, lebte einst ein Indianerstamm, der sich „die Rabenmenschen" nannte. Der Rabe galt bei ihnen als weises und gütiges Tier, und da sie selbst klug und freundlich waren, hatten sie ihn zu ihrem Namensgeber gemacht. Die Rabenmenschen zogen mit ihren Wigwams durch die Prärie, Klarheit und Frieden bestimmten ihr Leben. Alle Rabenmenschen hatten Namen, die etwas Wichtiges über ihr Wesen sagten. So war „Tanzende Feder" ein Indianerjunge, der so leicht wie eine Feder im Wind tanzen konnte und doch kräftig und voller Energie war.

Tanzende Feder war beliebt. Seine Mutter, genannt Tiefer See, wurde von allen geschätzt. Auch sie trug ihren Namen zu Recht, mit ihrer stillen Art erinnerte sie an einen ruhigen See, um dessen Tiefe jeder weiß. Die Rabenmenschen halfen den beiden viel, da sie alleine waren.

Der Vater von Tanzende Feder lebte schon lange nicht mehr bei dem Stamm der Rabenmenschen. Sein Name war Zwei Gesichter. Er hatte wirklich zwei Gesichter. Das eine war freundlich und sah aus wie die Gesichter aller Rabenmenschen. Das andere war voller Angst und Wut. Wer das zweite Gesicht sah, hätte das erste nicht erkannt.

Tanzende Feder konnte sich an die Zeit erinnern, als Zwei Gesichter noch bei ihnen lebte. Wenn Zwei Gesichter das erste Gesicht zeigte, war alles gut und das Leben ruhig und friedlich. Dann gab es die Zeiten des zweiten Gesichts, diese waren voller Sorge und Angst. Tanzende Feder war verzweifelt, auch Tiefer See wußte keinen Rat. Schließlich setzten sich die Ältesten um ein Feuer und erwogen, wie Zwei Gesichter zu helfen sei. Am Morgen nach dem großen Rat schlich Tanzende Feder zu dem Stammesältesten und fragte ihn, was mit seinem Vater sei. Der Stammesälteste sah ihn lange an und antwortete:

„Dein Vater ist sehr krank. Das zweite Gesicht ist das der Krankheit, die ihn packt und in ihren Klauen schüttelt. Wir wissen nicht, wie wir ihm helfen sollen, und haben beschlossen, ihn zu einem Medizinmann weit weg zu schicken."

So geschah es. Zwei Gesichter ging in Begleitung einiger junger Krieger in Richtung des Horizonts. Bald waren sie nicht mehr zu sehen. Zwei Gesichter verabschiedete sich nicht und sah sich kein einziges Mal um. An diesem Abend weinten Tanzende Feder und Tiefer See lange in ihrem Wigwam. Aber sie gewöhnten sich an das Leben ohne Zwei Gesichter.

Manchmal waren sie erleichtert, da es nun keine Zeiten voller Angst und Wut gab. Doch sie sehnten sich auch nach ihm. Vor allem Tanzende Feder vermißte seinen Vater sehr.

Manchmal ging er dorthin, wo sein Vater ihn mit Pfeil und Bogen schießen gelehrt hatte. Er dachte daran, wie sie Büffel gejagt hatten und wie ihm Zwei Gesichter die Rauchzeichen erklärt hatte. Wenn am Horizont eine Gestalt auftauchte, dachte er: „Mein Vater kommt! Zwei Gesichter ist wieder da!" Aber er war es nie.

Wenn er große Sehnsucht hatte, erzählte er seiner Mutter Tiefer See davon. Eines Tages sagte sie:

„Wenn es deinem Vater Zwei Gesichter bessergeht, wird er dir Rauchzeichen geben. Das weiß ich. Warte."

Von diesem Tag an wartete Tanzende Feder auf die Zeichen seines Vaters. Es interessierte ihn nicht mehr, mit den ande-

ren Indianerjungen Büffeljagd zu spielen oder Geschichten am Lagerfeuer zu erzählen. Stundenlang saß er in der Prärie und starrte zum Horizont. Immer hielt er Holz bereit, um Feuer machen zu können. An einem klaren Herbstmorgen sah er endlich Rauchzeichen.
„Tanzende Feder", las er, „hier ist Zwei Gesichter."
Dann kamen viele Zeichen. Tanzende Feder verstand nicht. Eilig zündete er Holz an und signalisierte:
„Ich verstehe dich nicht. Bitte antworte noch einmal!"
Die Zeichen blieben unlesbar. Traurig ging Tanzende Feder zurück. Ein junger Krieger sah seine Trauer und fragte nach dem Grund.
„Zwei Gesichter hat mir Rauchzeichen gegeben", sagte Tanzende Feder leise, „ich habe nur den Anfang verstanden. Ich kann nicht gut genug Rauchzeichen lesen."
Der Krieger bot ihm Hilfe an. Am nächsten Morgen gingen sie in die Prärie, entzündeten ein Feuer und übten den ganzen Tag. Abends sagte der Krieger zu Tanzende Feder:
„Nun kannst du alle Rauchzeichen, die es gibt. Ich kenne niemanden, der sie besser beherrscht als du."
Als Tanzende Feder das nächste Mal Rauchzeichen seines Vaters erhielt, konnte er wieder nur den Anfang entziffern. Danach waren die Zeichen unverständlich. So ging es Tag um Tag. Tanzende Feder verbrachte die hellen Stunden in der Prärie und starrte auf den Horizont. Wenn Rauchzeichen aufstiegen, versuchte er verzweifelt, sie zu lesen. Manchmal verstand er „Tanzende Feder", „Zwei Gesichter" oder „Weit weg". Schließlich bat er den Krieger nochmals um Hilfe. Der kam mit ihm, betrachtete die Zeichen lange und sagte schließlich: „Diese Zeichen sind wirr, niemand wird sie entziffern können. Es ist nicht dein Fehler."
Tanzende Feder ging traurig zurück. Abends erzählte er Tiefer

See seinen Kummer. So ruhig und beherrscht sie sonst war, diesmal wurde sie aufgebracht und sagte:
„Schluß damit. Du gehst nicht mehr alleine in die Prärie!"
Tanzende Feder verbrachte seine Tage nun im Indianerlager. Die Spiele mit den anderen interessierten ihn nicht, immer wieder spähte er zwischen den Wigwams hindurch zum Horizont. Lange Zeit hörte Tanzende Feder nichts von seinem Vater. Er wuchs heran, wurde größer und kräftiger, blieb aber biegsam wie eine Feder. Oft dachte er an seinen Vater und die unverständlichen Zeichen, die er gegeben hatte. Eines Abends sagte seine Mutter Tiefer See am Lagerfeuer zu ihm:
„Deinem Vater geht es besser. Er sehnt sich nach dir und möchte dir Rauchzeichen geben. Ich bin einverstanden, aber erzähle es mir, wenn du die Zeichen nicht verstehst."
Tanzende Feder war glücklich. Am nächsten Tag ging er noch vor Sonnenaufgang in die Prärie hinaus. Es war ein kühler, klarer Morgen. Er fröstelte, und das taunasse Gras durchfeuchtete seine Ledermokassins. Die Sonne ging auf, und bald wärmten ihre Strahlen Tanzende Feder und trockneten seine Mokassins. Ungeduldig starrte er in die Ferne. Endlich kam das erste Rauchzeichen. Schnell entzündete er sein Feuer.
„Ich freue mich, mit dir zu sprechen, Tanzende Feder", las er, „so lange habe ich das vermißt."
„Auch ich bin glücklich. Ich hatte solche Sehnsucht nach dir", signalisierte Tanzende Feder zurück.
Hin und her gingen die Rauchzeichen. Die beiden erzählten einander, was geschehen war. Zwei Gesichter erzählte, wo er lebte und wie seine Tage vergingen. Tanzende Feder schrieb, was er gelernt hatte und wer sein bester Freund war. So rauchzeichneten sie lange. Zum Abschied schrieb Zwei Gesichter: „Immer wenn der Mond voll ist, werden wir uns am Morgen danach Rauchzeichen geben."

„So wollen wir es halten!" antwortete Tanzende Feder.
Froh ging er zurück. Er machte Luftsprünge und sang alle fröhlichen Indianerweisen, die er kannte.
Tanzende Feder und Zwei Gesichter hielten es wie abgemacht. Am Morgen nach jedem Vollmond gaben sie einander Rauchzeichen. Tanzende Feder sehnte sich manchmal nach mehr. Gerne hätte er öfter mit Zwei Gesichter geredet, noch lieber hätte er ihn gesehen. Am schönsten hätte er es gefunden, wenn Zwei Gesichter wieder bei den Rabenmenschen gelebt hätte.
Tanzende Feder wußte aber, daß das nie geschehen würde. Und so gab er sich mit den Rauchzeichen zufrieden und freute sich auf den Vollmond. Jetzt machte es ihm wieder Freude, mit den anderen Indianerjungen zu spielen.
Eines Morgens las Tanzende Feder in den Rauchzeichen etwas, was ihn zutiefst verstörte:
„Ich liebe dich so sehr, Tanzende Feder, daß mein Leben ohne dich nichts wert ist. Ich will öfter mit dir reden, was ich habe, ist nicht genug. Sonst will ich nicht mehr leben."
Tanzende Feder erschrak und gab schnell zurück:
„Wir können öfter miteinander sprechen. Ich liebe dich sehr, Zwei Gesichter!"
Von da an schlich sich Tanzende Feder oft aus dem Indianerlager, um seinem Vater Botschaften zu senden. Jedesmal forderte Zwei Gesichter mehr Zeit, und immer häufiger signalisierte er:
„Wenn ich nicht mit dir reden kann, ist mein Leben nichts wert. Ich werde es noch heute wegwerfen!"
Tanzende Feder beschwor seinen Vater, weiterzuleben.
„Ich brauche dich", schrieb er in die Rauchzeichen. Aber die Drohungen wurden ernster. Zugleich verlangte Zwei Gesichter, daß er niemandem davon erzählen dürfe, sonst würde er

sich sofort das Leben nehmen. Tanzende Feder wurde immer bedrückter. Die Drohungen verfolgten ihn bis in den Schlaf. Er hatte Alpträume und schreckte auf, weil er im Traum sah, wie sein Vater in einem reißenden Fluß unterging. Seine Mutter Tiefer See hielt ihn in den Armen, bis sein Schluchzen verstummt und seine Tränen getrocknet waren. Sie fragte ihn, welches Schreckgespenst ihn verfolge. Tanzende Feder konnte ihr nicht die Wahrheit sagen. Er murmelte etwas von Bären und drehte sich um, damit sie sein Gesicht nicht sehen konnte. Jeden Morgen stahl sich Tanzende Feder davon, um seinem Vater seine Liebe und Treue zu signalisieren. Er freute sich nicht mehr, denn alles, was ihn trieb, war die Angst. Zum Spielen war er zu erschöpft.

Eines Morgens stand plötzlich der Krieger, der ihm geholfen hatte, neben dem Feuer. Er sah Tanzende Feder lange an und sagte: „Ich habe die Zeichen von Zwei Gesichter gelesen. Ich verstehe deine Furcht und sehe deine Last. Ich will dir eine Geschichte erzählen:

„Es war einmal ein kleiner Büffel. Sein Vater war ein großer, mächtiger Büffel, der aber krank war und schwach. Da der kleine Büffel ein guter Sohn war, blieb er immer in der Nähe seines geliebten Vaters und half ihm, wo er konnte. Als die Büffelherde auf ihrer Wanderschaft durch die Prärie an einen breiten Fluß kam, sagte der große Büffel zu seinem Sohn: ‚Bring mich hinüber.'

‚Das schaffe ich nicht', antwortete der kleine Büffel, ‚du bist so schwer, ich kann nicht gut genug schwimmen.'

Der Büffelvater bestand darauf, er drohte sogar, sich in den Fluß zu stürzen und zu ertrinken. Da gab der kleine Büffel nach. Gemeinsam stiegen sie in den Fluß, und der schwere Büffelvater legte sich auf den Rücken des kleinen Büffels. Schon nach wenigen Metern verließen den kleinen Büffel die

Kräfte, er wurde unter Wasser gedrückt und bekam keine Luft mehr. Zum Glück kamen die anderen Büffel ihnen zu Hilfe, sonst wären er und sein Vater jämmerlichst ertrunken. Nun sah der Büffelvater ein, daß die anderen ihm besser helfen konnten. Und der kleine Büffel hatte gelernt, daß es klug war, bei seinem *Nein* zu bleiben."

Nachdem der Krieger geendet hatte, saßen sie lange beieinander und schwiegen. Dann fragte der Krieger:

„Meinst du, der kleine Büffel wäre schuld gewesen, wenn die beiden ertrunken wären?"

„Nein", sagte Tanzende Feder sofort, „natürlich nicht. Er war noch so klein."

„Und du", sagte der Krieger leise, „bist ein großer Junge und doch noch klein. Du kannst deinen Vater lieben, aber auch du würdest mit einem Büffel auf dem Rücken ertrinken."

Tanzende Feder schlief kaum in dieser Nacht. Er dachte an die Geschichte. Am nächsten Morgen stand er vor Sonnenaufgang auf und ging in die Prärie. Er entzündete Feuer und wartete. Der Himmel war wolkenverhangen und grau. Tanzende Feder entdeckte die Rauchzeichen seines Vaters. Er wartete nicht ab, um sie zu lesen, sondern signalisierte schnell: „Ich möchte nicht mehr so oft kommen. Nach jedem Vollmond werde ich dir Rauchzeichen schicken. Ich liebe dich."

Dann drehte er sich um und ging zurück zum Indianerlager. Die Sonne brach durch, die Gräser und Blumen leuchteten auf, und die Strahlen wärmten Tanzende Feder. Er fühlte sich leicht und froh, als er in das Gewimmel der anderen Kinder zwischen den Wigwams eintauchte und dachte:

„Nach dem nächsten Vollmond werde ich wieder mit Zwei Gesichter sprechen. Bis dahin werde ich Büffeljagd spielen und Geschichten erzählen!"

Und so hielt er es von da an.

Für die Eltern: Indianerjunge Tanzende Feder, oder

KINDER SIND NICHT FÜR IHRE ELTERN VERANTWORTLICH

Problemhintergrund
Alex ist ein neun Jahre alter Junge, der bei seiner Mutter lebt. Der Vater ist depressiv. Der Zustand hat sich durch die Trennung der Eltern verschlimmert. Kontakte des Kindes mit dem Vater haben es so belastet, daß die Mutter schließlich außer Telefongesprächen jeden Umgang verweigert. Da der Vater keinen anderen Menschen findet, ist sein Sohn das einzige, was ihn am Leben erhält. Das erzählt er dem Kind und fordert mehr und intensivere Gespräche.

Ziel
Ziel des Märchens ist, Alex die Last der Verantwortlichkeit für das Leben des depressiven Vaters zu nehmen und ihm die Freude an altersgemäßen Beschäftigungen zurückzugeben.

Erzählweise
Das Märchen spielt bei den Indianern, bei Menschen also, die in der kindlichen Welt seit Generationen für ihre Tapferkeit und ihren Mut bewundert werden. Diese Eigenschaften braucht Alex, um sich von der Last zu befreien, die sein Vater ihm aufzwingt. Die Kommunikation über Rauchzeichen und der Inhalt der Botschaften veranschaulichen die Macht, die ein Elternteil über ein Kind, das ihn liebt, ausüben kann. Hilfe ist in solchen Situationen nur durch Dritte möglich. Die

Mutter leidet mit dem Kind und hat deshalb keine Kraft, Entscheidendes zu wenden. Dritte sind im Märchen die Kinder des eigenen Stammes, der rauchzeichenkundige Krieger und die anderen Büffel in der eingebetteten Metapher. Lösung ist die Erkenntnis, daß Kinder weder verpflichtet noch berechtigt, noch in der Lage sind, einen Elternteil zu „erretten".

DAS KLEINE TÄNNCHEN

Hinter dem Dorf am Waldrand, dort, wo der Jäger seinen Hochsitz hat, steht eine hohe, schlanke Edeltanne. Sie wiegt ihre Zweige sanft im Wind und lädt dich freundlich ein, dich zwischen ihre Wurzeln an den Stamm zu setzen, um die schöne Aussicht zu genießen. Wenn du den Stamm der edlen Tanne genau betrachtest, wirst du etwa drei Meter über dem Boden eine starke Verkrümmung und Verdickung bemerken, so als habe der Baum es damals trotz Kraft zum Wachsen nicht geschafft, in die Höhe zu kommen. Ich will dir die Lebensgeschichte der Tanne erzählen. Es ist eine Geschichte der Sehnsucht.

Als die hohe, schlanke Edeltanne noch ein kleines Tännchen war und im Windschatten großer, alter Tannen am Waldrand wuchs, liebte sie von allen Jahreszeiten am meisten den Winter mit seinem Schnee. Wenn die Tage kürzer wurden, rauhe Herbststürme und kalte Regenschauer die Bäume am Waldrand schüttelten, wenn die braune Schnecke ihr Haus im dunklen Wurzelmoos des Tännchens vergrub und sich zum Schlaf zurückzog, wenn die Blaumeise sich mit aufgeplusterten Federn dicht an den Baumstamm drückte, wenn die alten Tannen ächzten und knarrten, dann rief das Tännchen vergnügt: „Hurra, der Winter kommt! Hurra, bald schneit es! Dann tanzen die weißen Flocken lustig vom Himmel und ziehen mir ein wunderschönes Kleid an, das glitzert, funkelt und strahlt wie tausend Diamanten. Wenn dann Hops, der freche Hase, kommt, der immer die tiefen Löcher zwischen meine Wurzeln gräbt, obwohl ich ihm schon oft gesagt habe, daß ich kalte Füße hasse, schüttele ich ein bißchen meine

Zweige, und er bekommt eine dicke Ladung Schnee auf seine vorlauten Löffel. Hurra, bald kommt der Schnee!" Bei so viel Vorfreude wiegte eine alte Tanne, die neben dem kleinen Tännchen stand, mißbilligend ihre Krone: „Schnee ist mir zu kalt. Mit seiner Weißheit blendet er. Er täuscht und läßt alles anders aussehen, als es wirklich ist. Ich verachte Schnee!" Das kleine Tännchen verstand dies Reden nicht und genoß den Winter mit dem Schnee einige Jahre mit kindlicher Freude.
Doch dann kam ein Winter ohne Schnee. Sosehr das kleine Tännchen auch wartete und hoffte, es fielen nur ein paar dicke, nasse Flocken, die nicht liegenblieben. Als das kleine Tännchen sich bei der alten Tanne darüber beklagte, sagte diese: „Es schneit nicht in jedem Winter, ich habe schon erlebt, daß jahrelang keine Flocke vom Himmel fiel. Das war sehr angenehm. Damals sind mir keine Zweige unter der Last der Schneemassen abgebrochen." Mit dieser Antwort war das kleine Tännchen gar nicht zufrieden. Im nächsten Jahr fing es schon im Frühherbst, als die Bauern im Dorf bei strahlendem Wetter die roten Äpfel ernteten, an, vom weißen Schnee zu träumen. Den ganzen Winter über dachte das Tännchen an nichts anderes als an glitzernde, funkelnde Flocken, die vom Himmel tanzen und es in ein Diamantenkleid hüllen. Aber der Schnee kam nicht.
Frühling und Sommer mit ihren bunten Blumen und dem Zwitschern der Vögel lenkten das Tännchen von seiner Sehnsucht nach dem Schnee ab. Als die Bauern im August anfingen, das Korn in die Scheunen zu fahren, begann das Tännchen, bei Tag und bei Nacht wieder vom Tanz der weißen Flocken zu träumen, und dachte bald an nichts anderes mehr als an sein Schneekleid. Während andere Tannen um diese Jahreszeit noch ein gutes Stück wachsen und dann Holz und Rinde ausreifen lassen, blieb das kleine Tännchen in seinem

Wachstum einfach stehen und bildete keine Schutzrinde um den Trieb, der im Frühjahr und im Sommer entstanden war. Statt dessen begann es nachzugrübeln, wie es den Schnee herbeiholen könnte. Es bat die braune Schnecke um Rat. Die Schnecke sagte: „Wenn du ganz beharrlich an den Schnee denkst und nichts anderes tust, dann wird die Kraft deiner Gedanken den Schnee bringen. Das mache ich jeden Winter so mit der Sonne. Ich lege mich ruhig in mein Schneckenhaus und denke nur an den Sommer. Wie du weißt, hat das seither immer geholfen."

Der kleinen Tanne leuchtete das ein. Im Jahr darauf begann sie schon im Frühsommer, als die Kirschen gerade reif waren, vom Schnee zu träumen. Wie ihr die Schnecke geraten hatte, gab sie ihre ganze Kraft in die Gedanken an weiße, glitzernde Flocken. Aber der Schnee kam nicht. Die Sehnsucht der kleinen Tanne nach dem Schnee wuchs und wuchs. Weil zugleich der Stamm des Tännchens nicht weitergewachsen war und der Schutz durch neue Rinde fehlte, tat dem Tännchen die Sehnsucht weh.

Im Frühjahr fragte sie gleich mehrere Tiere um Rat. Die Blaumeise sagte: „Wenn du Schnee haben willst, dann fliege dorthin, wo welcher ist", und der Kuckuck riet ihr: „Du mußt nur ganz laut rufen, dann erhört der Schnee dich."

Das Tännchen wußte, diese Ratschläge konnten für einen Vogel, der fliegen, und für einen, der laut rufen kann, richtig sein, aber nicht für eine kleine Tanne. Schließlich sagte die alte Eule, das Tännchen solle inbrünstig und ausdauernd zum Wettergott beten. Weil das Tännchen schon monatelang erfolglos mit der Kraft seiner Gedanken den Schnee herbeizuholen versucht hatte, befolgte es auch diesen Rat nicht. So kam es, daß das Tännchen nicht nur die Schmerzen der Sehnsucht hatte, sondern sich nun auch noch hilflos und ohnmächtig fühlte. Es hörte ganz auf zu wachsen, ließ die Zweige hängen, sein einstmals glänzend blaugrünes Nadelkleid wurde matt, schließlich verfärbte es sich braun und fiel ab.

Der alte Förster hatte auf seinem täglichen Gang zum Hochsitz schon lange die Veränderung des Tännchens bemerkt und immer gedacht: „Das Tännchen hat einen guten Standort am Waldrand, genügend Schutz von alten Tannen, die Erde ist nahrhaft, und das Wetter war in den vergangenen Jahren für kleine Tannen gesund zum Wachsen. Also wird das Tännchen es schon schaffen." Als er aber sah, daß das Tännchen seine Nadeln mehr und mehr verlor, kratzte er sich am Bart und dachte: „Das muß etwas sehr Ernstes sein. Ich werde den Wurzel-Sepp holen. Der kann mit Tieren und Pflanzen reden."

Der Wurzel-Sepp war ein wunderlicher Alter. Er lebte alleine im Wald und sammelte Pilze und Kräuter als Medizin. Seine Haut sah aus wie brauner Ton, der beim Trocknen in der Sonne lauter Risse bekommen hat. Die Haare glichen grauem Rentiermoos. Sepp konnte nachts sehen wie Katzen und Luchse, und er konnte schnell wie Eichkätzchen auf Bäume klettern. Eines Nachts, als die kleine Tanne wieder einmal vor Sehnsucht nicht schlafen konnte, hörte sie dicht an ihrem Stamm, etwa da, wo die verkrümmte, verdickte Stelle heute ist, eine tiefe und eindringliche Stimme: „Kleine Edeltanne, du bist krank und hast Schmerzen. Statt schlank heranzuwachsen, von Jahr zu Jahr schöner zu werden und das Bild des Waldrandes mit deiner blaugrünen Nadelpracht zu schmücken, bist du krumm und verlierst deine Nadeln. Bald wird keine Blaumeise mehr Schutz vor dem Regen bei dir finden, und keine braune Schnecke wird mehr Winterquartier zwischen deinen Wurzeln suchen. Wenn du mir erzählst, was dich kränkt, werde ich meine Weisheit mit dir teilen. Vielleicht bedeutet das eine Hilfe für dich."

Die ganze Nacht berichtete das Tännchen dem Wurzel-Sepp von seiner Sehnsucht nach dem Schnee. Es erzählte von der Freude, die es beim Anblick der tanzenden Flocken gespürt hatte, vom Stolz auf das weiße Schneekleid mit den tausend blitzenden Diamanten und vom Spaß, den es hatte, wenn der nasse Schnee auf die Ohren des frechen Hasen platschte. Zwischendrin seufzte das kleine Tännchen hin und wieder: „Ich vermisse ihn so!"

Als es mit seinem Bericht zu Ende war, sprach der Wurzel-Sepp: „Kleine Edeltanne, du wirst wahrscheinlich keinen Schnee mehr erleben, solange du hier am Waldrand stehst. Auf dem Teil der Erde, auf dem wir beide leben, ist es wärmer geworden. Hier fallen höchstens noch ein paar dicke Schneeflocken, die nicht liegenbleiben. Das kommt von der Unvernunft der Menschen, an der du kleines Edeltännchen nichts ändern kannst. Was du tun kannst, ist, dich entscheiden: Entweder sehnst du dich weiterhin nach etwas, das wohl nie mehr kommen wird, oder du findest deine Freude, deinen Stolz auf dich selbst und deinen Spaß anders als durch Schnee."

Als der Wurzel-Sepp gegangen war, bekam die kleine Tanne plötzlich eine ohnmächtige Wut: „Diese dummen, arroganten Menschen können machen, was sie wollen, und ich, die kleine Tanne, muß darunter leiden und kann nichts daran ändern." Das Tännchen weinte und fiel schließlich in einen traurigen, kraftlosen Winterdämmerschlaf.

Der Frühling kam, und mit ihm die bunten Blumen und das vielstimmige Vogelgezwitscher. In der kleinen Tanne stieg ein Gefühl von Freude über den Neubeginn auf. Fast erschrocken fielen ihr die Worte des Wurzel-Sepp ein, und sie dachte:

„Das ist das gleiche Gefühl, das ich hatte, wenn die Schneeflocken tanzten, vielleicht ein bißchen schwächer. Kann ich die Freude stärker machen, wenn ich mir die Farben der Blumen genauer ansehe und den Lauten der Vögel besser zuhöre?" Von jetzt ab ließ die kleine Tanne die Blumen bunter leuchten und die Vögel fröhlicher zwitschern. Sie begann wieder zu wachsen, neue Nadeln trieben aus. Als der Sommer vorüber war, trug sie ein dichtes blaugrünes Nadelkleid, das an der Unterseite silbergrau schimmerte. In einer Vollmondnacht sah sich die Tanne plötzlich im silbrigen Licht glitzern und funkeln, als trüge sie tausend Diamanten. Ein warmes Gefühl für ihre Schönheit stieg in ihr auf. Sie zitterte, als sie merkte, daß es das gleiche Gefühl des Stolzes war, das sie einst empfunden hatte, wenn sie ihr prächtiges Schneekleid trug. Der Spätherbst kam und wehte die welken Blätter auf die ausgebreiteten Zweige der Tanne. Dort blieben sie naß vom Nebel und vom Regen als schwere Last liegen. Da saß eines Tages der freche Hase unter der kleinen Tanne. Die Tanne schüttelte sich und – platsch – hatte der Hase eine dicke Ladung nasses Laub zwischen den Löffeln. „Hatschi, hatschi", nieste er, schlug einen Haken und war weg. „Jetzt habe ich ihm eins ausgewischt, so ein feiner Spaß", sagte die Tanne laut. Dann hielt sie inne und sagte: „Ja, Wurzel-Sepp hat recht, ich habe die gleichen Gefühle wie damals, als es schneite, auch bei anderen Gelegenheiten. Ich muß nur darauf achten."

Für die Eltern: Das kleine Tännchen, oder

DIE SEHNSUCHT NACH DEM ABWESENDEN ELTERNTEIL

Problemhintergrund
Claras Eltern haben sich vor drei Jahren getrennt. Sie waren nicht verheiratet. Der Vater lebt in einer anderen Stadt mit einer neuen Partnerin. Er hat „mit seiner Vergangenheit abgeschlossen", zahlt Regelunterhalt für Clara und wünscht darüber hinaus keine Kontakte. Das neun Jahre alte Mädchen hängt am Vater und sehnt sich nach ihm. Es unternimmt viele Versuche, den Vater auf sich aufmerksam zu machen. Seine Briefe, Geschenke und Telefonate bleiben aber unerwidert. Clara reagiert auf die Ablehnung mit Selbstwertstörungen, die sich im Schulleistungs- und Sozialbereich zeigen.

Ziel
Das Märchen soll Clara zur Einsicht führen, daß ihre Versuche, eine Beziehung zum Vater zu leben, vergeblich und deshalb für ihre Entwicklung lähmend sind. Clara kann lernen, sich die angenehmen Gefühle, die sie früher im Zusammensein mit dem Vater spürte, in anderen zwischenmenschlichen Kontakten zu holen. Die Schritte, die Clara zur seelischen Gesundheit führen, sind denen vergleichbar, die ein trauernder Mensch geht. Traurigkeit und Wut über den Verlust gehören zu diesem Prozeß.

Erzählweise

Die Gefühle, die das Kind seit der Abwesenheit des Vaters vor allem vermißt – Freude, Spaß und Anerkennung ihrer Person –, werden im Märchen direkt angesprochen. Wenn Clara sich an besonders schöne Erlebnisse erinnert, sind diese hell, glitzernd, funkelnd in allen Regenbogenfarben, tänzerisch bewegt und zugleich kühl und still. Deshalb wähle ich die Metapher von Schnee für Claras Erinnerungen an den Vater (siehe auch Seite 135 ff.). Die Hilfe, die Clara von ihrem Problem zu einer Lösung führt, wird von einer magischen Waldgestalt gebracht.

DER ELEFANT AUS CELEBES

In einem alten Bauernhaus am Ende des Dorfes lebt ein kleiner Mäuserich, der „Wirbelwind" heißt, weil er so schnell laufen kann. Seinen vielen Geschwistern ist dieser Name zu lang, und sie rufen ihn einfach „Wiwi". Das Leben in der Mäusegroßfamilie ist herrlich. Es gibt zwar schon lange keine Getreidekörnchen mehr in den Holzritzen des Getreidespeichers, und auch das letzte Mehlstäubchen ist aufgeschleckt, aber die Bäuerin ist alt und sehr vergeßlich und läßt meist den Käse, die Wurst, das Brot und den Schinken einfach in der Küche stehen, wenn sie abends schlafen geht. Sobald dann auch die Hauskatze auf ihren Samtpfoten das Haus verlassen hat, um ihren Nachtspaziergang zu machen, tobt Wiwi mit allen anderen kleinen Mäusen durch die vielen Zimmer bis in die Küche, schnappt sich ein Riesenstück Käse – wobei er den mit den Löchern bevorzugt – und bringt ihn in sein ganz privates Versteck, um ihn genüßlich zu verspeisen.
Gerade in diesem Augenblick kommt eines Abends die Tante „Spitzohr", die Wiwi besonders liebt, aufgeregt hereingerannt und ruft: „Wiwi, Wiwi, komm schnell mit, ich habe den Elefanten aus Celebes gesehen, da vorne, er ist rot mit blauen Punkten und hat hinten etwas Gelbes." Wiwi läßt den Käse liegen und rast hinter Tante Spitzohr hinaus in die Nacht. Es ist Vollmond, und als sie keuchend im großen, kalten Hühnerhof hinter dem Haus ankommen, zeigt Tante Spitzohr aufgeregt in die Richtung des Baches, wo die Haselsträucher ganz dicht stehen, und wispert: „Da, sieh doch, da ist er!" Wiwi reibt sich die Augen, er glaubt fast, etwas zu sehen, ja, etwas bewegt sich. Es ist aber ganz unscharf, und vielleicht

bewegt sich auch nichts. „Schau, Wiwi, schau, er ist rot mit blauen Punkten und hat hinten etwas Gelbes, und jetzt ist er wieder weg – gelt, du hast ihn auch gesehen." Weil Wiwi seine Tante liebt und weil er heim zu seinem Käse will, sagt er: „Ja, ich habe ihn gesehen", und rennt wie ein Wirbelwind zurück zum Haus, durch alle Gänge bis zu seinem Geheimplatz – aber: Sein Käse ist weg. Jemand hat ihn aufgefressen. Wiwi ist wütend und legt sich mit knurrendem Magen schlafen.
Am nächsten Abend besorgt sich Wiwi ein besonders großes Stück vom Löcherkäse. Er muß zwar ordentlich schwitzen, bis er den Brocken an seinem Geheimplatz hat, aber schließlich hat er extra großen Hunger heute! Da kommt sein Onkel „Spitzzahn" angerannt, das ist der, den Wiwi sehr bewundert, weil er riesig weit springen kann, so daß alle Mäuse über ihn sagen: „Der kann fast fliegen." Onkel Spitzzahn ruft mit tieftönender Stimme: „Ich habe ihn gesehen, den Elefanten aus Celebes, und es ist ein historischer Augenblick für uns Mäuse, daß er gerade hier vorbeikommt. Du mußt ihn dir ansehen, Wiwi, sonst bereust du es dein Leben lang." Wiwi bewundert seinen Onkel sehr, also läßt er den Käse stehen und folgt seinem Onkel flink hinaus in die Nacht. Die Nacht ist pechschwarz. Mond und Sterne sind von dicken Wolken verdunkelt. Wiwi gewöhnt sich nur langsam an die Finsternis. Als er, dem Onkel folgend, im großen, kalten Hühnerhof angekommen ist, erzählt Onkel Spitzzahn ihm viel von der enormen Bedeutung des Elefanten aus Celebes und ruft schließlich: „Da, sieh, kleine Maus Wirbelwind, sieh dir den Elefanten aus Celebes genau an. Er ist blau und hat rote Tupfen und hinten etwas Gelbes." Wiwi starrt ins Stockdustere. Er ist sich der Einmaligkeit des Augenblickes bewußt, und obwohl er nichts sieht, sagt er andächtig: „Großartig." Dann kehrt er eilig in sein Versteck zurück, doch der Käse ist längst

von anderen Mäusen aufgefressen. Wiwi ärgert sich schrecklich.

Er hat furchtbaren Hunger, und weil er nicht weiß, ob er sich mehr darüber ärgern soll, daß der schöne Käse weg ist, oder darüber, daß er den Elefanten nicht gesehen hat, oder darüber, daß es nun mal nicht sein kann, daß derselbe Elefant blau mit roten Punkten und rot mit blauen Punkten ist, schläft er erschöpft ein. Am nächsten Tag hat Wiwi keine Lust, wie gewohnt mit seinen Freunden Fangen zu spielen, und sogar für Räuber und Gendarm und eine Schnitzeljagd ist er nicht zu gewinnen. Er hockt in einer Ecke im Dunkeln und denkt dumpf vor sich hin: Wie kann das sein, daß meine Lieblingstante sagt, der Elefant sei rot, der Onkel, den ich bewundere, aber sagt, der Elefant sei blau, beide behaupten, er hätte hinten etwas Gelbes und ich eigentlich gar nichts gesehen habe?! Entweder lügt sie oder lügt er, oder beide, aber das kann nicht sein, denn ich liebe beide. Vielleicht ist ja auch ein Trick dabei, den ich nicht verstehe.

Wiwi beschließt, in dieser Nacht der Sache auf den Grund zu gehen. Es wird endlich Abend, und Wiwis brüllender Hunger meldet sich. Ich werde mir ein riesiges Stück Käse holen und es besser verstecken als gestern und vorgestern, denkt er. Als Wiwi nach langer Schwerstarbeit den Käse in einer dunklen Ecke geborgen hat und sich aufmachen will, das Geheimnis des Elefanten zu lüften, da steigt der Duft des Käses verlockend in seine Nase. Zugleich rumpelt sein Magen ganz laut vor Hunger, und plötzlich sieht er sich in der hellen Vollmondnacht mit der Tante im Hühnerhof stehen und vergeblich in die Haselbüsche starren, und sieht sich in der schwarzen Nacht mit dem Onkel in demselben Hühnerhof stehen und ebenso vergeblich ins Stockfinstere glotzen. Da wird ihm ganz schwindelig. Vor seinen Augen drehen sich rote Elefanten mit blauen Punkten und blaue Elefanten mit roten Punkten und gelbe Elefanten mit blauen und roten Punkten mit Tante Spitzohr und Onkel Spitzzahn im Kreis herum. Bis eine Stimme in ihm sagt: „Iß erst mal den Käse, und dann sieh weiter." Wiwi macht sich über den Käse her, und weil es ein gewaltig großer Käse ist, schmatzt und kaut und schluckt er lange und genußvoll, bis sein Mäusebauch prall und kugelrund ist. Dann lehnt er sich zurück, faltet beide Hände über dem satten Bauch und sagt zufrieden: „Wie gut, daß ich heute abend den Käse gegessen habe. Das mit dem roten und blauen Elefanten sieht mir ganz nach einem Vollmond- und Wolkennachtsproblem von erwachsenen Mäusen aus." Und dann schläft er zufrieden ein.

Für die Eltern: Der Elefant aus Celebes, oder

WIDERSPRÜCHLICHE AUSSAGEN SCHAFFEN VERWIRRUNG

Problemhintergrund
Der siebenjährige Marc ist ein außereheliches Kind. Er lebt mit seiner Mutter bei seinen Großeltern mütterlicherseits. Seinen Vater kennt er nicht. Die Mutter trennte sich von ihm, als Marc ein Säugling war. Sie und ihre Familie haben den Vater aus der Erinnerung und den Gesprächen verbannt. Der Großvater übernimmt die väterlichen Funktionen. Wenn Marc mit Fragen nach seinem Vater zu den Erwachsenen kommt, erhält er unterschiedliche, die Wahrheit fliehende Antworten. Marc ist verwirrt. Als der Vater wieder heiratet, begehrt dieser gerichtlich Umgang mit seinem Sohn. Mit Hilfe eines Anwalts kämpft die mütterliche Familie gegen dieses Ansinnen. Ich werde gebeten, ein Gutachten darüber zu erstatten, „ob der Umgang mit dem leiblichen Vater dem Kindeswohl schadet".

Ziel
Das Märchen soll Marc unbewußt dazu motivieren, seine kindlichen Bedürfnisse zu befriedigen und nicht weiter seine Energie darauf zu verschwenden, die Handlungen der Erwachsenen verstehen zu wollen. Mit diesem Märchen habe ich beim Kind das erste bewußte Treffen zwischen Vater und Sohn vorbereitet, das ich in der letzten Geschichte dieses Buches schildern werde (siehe Seite 129 ff.).

ZIPPEL, ZAPPEL UND ZUPPEL LERNEN ZAUBERN

In einem klaren, tiefblauen Bergsee lebt Zippel, die Forelle. Sie ist schlau und schnell. Keiner der Angler, die auf dem nahen Zeltplatz leben, hat sie je am Haken gehabt.
Eines Tages kommt ein Wanderzirkus in den Ort. Die Attraktion der kleinen Truppe ist ein eleganter Königspinguin mit Namen Zappel. Zappel ist der einzige bekannte Königspinguin, der keine Fische essen mag. Wärter müssen ihn täglich mit Schinkenbrötchen und Salat füttern. Wenn sie ihm einen lebenden Fisch vorsetzen, freundet sich Zappel sofort mit dem glitschigen Gesellen an. Er würde eher verhungern, als einen Fisch zu fressen. Eines Nachts vergißt Zappels Wärter, den Käfig zu schließen, und Zappel watschelt hinüber zum See. Das Wasser ist schrecklich warm für einen Königspinguin. Zappel hüpft schnell wieder hinaus, noch ehe die Forelle Zippel sich so recht erschrecken konnte. Zappel wählt für seinen nächtlichen Ausflug eine kleine Straße. Er kommt zu einem Bauernhof und geht, vom Geruch angezogen, in den Stall. Dort findet er ein niedliches rosa Ferkel. „Ich heiße Zuppel", quiekt das Ferkel, „und wie heißt du?" – „Ich heiße Zappel", brummt der Pinguin freundlich, „komm, laß uns Freunde sein und unten am See miteinander spielen." Zuppel hopst auf seinen vier staksigen Ferkelbeinchen so schnell den Abhang zum See hinunter, daß Zappel mit seinem behäbigen Watschelgang nicht mehr folgen kann. Er stolpert, kullert den Berg hinunter, fällt über Zuppel, und beide plumpsen gemeinsam in das kalte Wasser des Sees direkt auf die Forelle

Zippel. Als alle drei sich von ihrem Schreck erholt haben, entschuldigt sich der Königspinguin formvollendet und höflich bei Zippel und Zuppel. „Entschuldigt bitte", sagte er, sich in seinem glänzenden, schwarzweißen Frack wieder und wieder verneigend, „ich bin heute wieder so zappelig, bitte entschuldigt, bitte entschuldigt." Da springt das Ferkel Zuppel auf seine krummen Beine und beginnt aus lauter Sympathie für seinen Freund, den Pinguin, wie wild zu zappeln. „Macht mit", ruft es „zappeln macht riesigen Spaß." Und sogleich fängt Zippel an, im Wasser herumzuzappeln. Dabei springt er auch hoch in die Luft und läßt sich klatschend wieder ins Nasse zurückfallen. Zappel zappelt neben Zuppel am Ufer. Er schlägt mit den Flügelstutzen, hopst, kullert sich und wackelt zugleich mit dem Kopf. Bei dem ganzen Gezappel machen Zippel, Zappel und Zuppel einen mächtigen Lärm. Sie quieken, grunzen und schmatzen, sie plitschen und platschen, daß man es weit in den Wald hinein hören kann.

Das weckt den alten Uhu, den Lehrer der Tiere, auf. Verärgert reibt er sich den Schlaf aus den Augen, fliegt lautlos hinüber zum See und schaut sich von oben das wilde Gezappel an. Dann ruft er die Waldtiere, die vom nächtlichen Lärm längst aufgewacht sind, und sagt: „Da unten am See zappeln Zippel, Zappel und Zuppel herum: ein Königspinguin, ein Ferkel und eine Forelle. Wenn die weiter so herumzappeln, werden alle drei verrückt. Bei Vögeln ist solches Gezappel ja ganz normal, aber bei diesen drei Tieren doch nicht. Wir müssen etwas unternehmen. Wer hat eine Idee?"

Die haarige, schwarze Spinne mit dem gelben Fleck in der Mitte meldet sich und sagt mit kaum hörbarem Schnarren: „Ich habe eine Idee, aber die verrate ich euch noch nicht. Kommt alle morgen früh um 5.35 Uhr hinunter zum See und bringt mir ordentliche Eintrittsgelder mit, denn meine

Idee ist sehr genial." Nach dieser Mitteilung gehen alle Tiere schnell zu Bett, damit sie um 5 Uhr, wenn der Hahn sie verabredungsgemäß mit seinem Krähen weckt, wenigstens ein bißchen ausgeschlafen sind. Gemeinsam besorgen sie das Eintrittsgeld – zwei Frösche, drei Mäuse und fünf Schnecken – und gehen leise hinunter zum See, um auf die Spinne und den Uhu zu warten. Hinter den Büschen versteckt, schauen sie zu, wie Zippel, Zappel und Zuppel immer noch im Mondlicht so wild zappeln, daß man sie kaum auseinanderhalten kann. Sie sehen aus, als würde es ihnen nun gar keinen Spaß mehr machen. Da hören sie plötzlich dreimal hintereinander ein langgezogenes, monotones „Uhuuu", und zugleich sehen sie, wie sich die haarige, schwarze Spinne an ihrem silbernen Faden von einem Ast langsam hinunterläßt, gerade über den Köpfen der drei Zappeltiere. Der gelbe Fleck leuchtet geheimnisvoll im Mondlicht. Als Zippel, Zappel und Zuppel die Spinne über sich entdecken, reißen sie ihre Augen vor Erstaunen weit auf. Die Spinne beginnt sich ganz langsam an ihrem Faden von rechts nach links und wieder zurück zu schwingen, und zugleich ruft der Uhu sein langgezogenes „Uhuuu, Uhuuu, Uhuuu". Als Zippel, Zappel und Zuppel wieder und wieder mit den Augen dem beweglichen gelben Fleck folgen, fühlen sie plötzlich in sich eine riesengroße, unwiderstehliche Müdigkeit. Alle drei lassen sich zu Boden gleiten und schlafen fest ein. Mit ihnen schlafen die Tiere des Waldes. Erst fünf Stunden später, die Sonne brennt schon ordentlich vom Himmel, wachen sie wieder auf. „Das war ein Traum", denkt Zippel. „Aber angenehm war es doch, wie ich plötzlich aufhören konnte mit Zappeln", denkt Zappel. „Ich habe wunderbar erholsam geschlafen", denkt Zuppel.
Und was das Merkwürdige ist: Wann immer Zippel, Zappel oder Zuppel in der Zeit nach dem Ereignis so heftig zappeln,

daß es ihnen selbst keinen Spaß mehr macht, sehen sie vor ihrem inneren Auge einen leuchtenden gelben Fleck langsam hin- und herpendeln und hören vor ihrem inneren Ohr dreimal ein langgezogenes „Uhuuu, Uhuuu, Uhuuu".

Für die Eltern: Zippel, Zappel und Zuppel..., oder

WENN KINDER NICHT ZUR RUHE FINDEN

Problemhintergrund
Die drei Geschwister Leo, Ludwig und Lena (Zwillingsbrüder im Alter von elf Jahren und ihre zehnjährige Schwester) leben nach der Scheidung der Eltern, die die gemeinsame Sorge behalten haben, jeweils eine Hälfte der Woche bei der Mutter und eine Hälfte beim Vater. Dieser Alltag bringt teilweise weite Fahrstrecken zur Schule und zu Freizeitveranstaltungen mit sich. Außerdem müssen sich die Kinder dauernd neu orientieren und an die konträren Lebensstile der Eltern anpassen. Alle drei Kinder leiden an Konzentrationsstörungen und haben in der Schule Probleme.

Ziel
Ziel der Geschichte ist es, den Kindern zu zeigen, wie sie lernen können, innezuhalten und sich zu beruhigen, wenn ihr Alltagsstreß zu groß wird. In ihrem realen Leben erlernen die drei Geschwister das autogene Training als Hilfe zur Selbsthilfe.

Erzählweise
Die drei Kinder haben diese Geschichte selbst erfunden. Wie sie dabei vorgegangen sind und wie man Kindern beim Geschichtenerfinden helfen kann, ist im Kapitel „Geschichten mit Kindern gemeinsam erfinden" nachzulesen (siehe Seite 149 f.).

2. Teil

VORLESEMÄRCHEN, DIE SICH AUCH AN DIE ELTERN WENDEN

DER KLEINE KATER

Es war einmal ein kleiner Kater, dem stieß ein großes Unglück zu. An einem neblig-trüben Tag geriet er in einen Streit zwischen zwei großen Katzen. Ehe er sich versah, landete er zwischen ihren scharfen Krallen und bekam all die Hiebe ab, die sie einander zugedacht hatten. Er schrie ganz jämmerlich, doch in ihrer Wut und wegen des Nebels sahen die großen Katzen ihn nicht und fauchten und kratzten und bissen weiter auf ihn ein im Glauben, es sei die andere Katze, die sie träfen. Schließlich gelang dem kleinen Kater die Flucht, indem er sich ganz flach auf den Boden drückte und davonkroch. Mit letzter Kraft erreichte er einen Holunderbusch, unter dem er sich versteckte. Dort leckte er die blutenden Wunden, die ihm die großen Katzen beigebracht hatten. Von weitem hörte er noch ihr Kampfgeschrei. Als er sich ein wenig erholt hatte, schlich der kleine Kater davon. Er hatte nur eines im Sinn: weit weg von diesem Streit und den rasenden Katzen zu kommen.

Er lief und lief, und schließlich hatte er sich verlaufen, denn es war Nacht geworden. Zwar konnte der kleine Kater wie alle Katzen in der Nacht wunderbar sehen, doch alles, was er sah, waren Bäume. Er war mitten in einem riesigen Wald und hatte keine Ahnung, wie er wieder herausfinden sollte. Müde schleppte er sich weiter. Von Zeit zu Zeit mußte er sich setzen, um seine Wunden zu lecken, aus denen immer noch das Blut sickerte. Er hätte gerne länger gerastet, der Wald war ihm jedoch unheimlich in dieser nebligen Nacht. Endlich sah er in der Ferne einen schwachen Lichtschein. Er torkelte darauf zu, und bald erkannte er, daß der warme Schein einer

Lampe durch das Fenster eines Hauses nach draußen drang. Der kleine Kater kam noch bis zur Haustür, dort verließen ihn die Kräfte, er sank in sich zusammen und maunzte und wimmerte nur mehr leise.

Da ging die Tür auf, und eine große Gestalt beugte sich über den kleinen Kater.

„Wen haben wir denn da", brummelte eine tiefe Stimme, „und wie hat man dich zugerichtet!"

Der kleine Kater wurde vorsichtig hochgehoben und ins Haus gebracht. Er bekam ein Schälchen Milch, seine Wunden wurden gereinigt und verbunden. Er bemerkte kaum noch, was mit ihm geschah, und fiel bald in einen tiefen Schlaf.

Als er am nächsten Morgen aufwachte, wußte er zuerst nicht, wo er war. Neugierig schaute er sich um: Er lag in einem weichen Körbchen, das mit einem rotweiß karierten Kissen ausgepolstert war. Das Körbchen stand in einem behaglich eingerichteten Zimmer. Da gab es ein großes, weiches Sofa, viele verschiedene Stühle, einen Tisch, auf dem Bücher, Stifte, ein Fernglas und Nüsse lagen, einen alten Schrank mit schiefen Türen, eine geruhsam tickende Standuhr und einen großen Ofen, der in der Ecke bollerte. Der kleine Kater streckte sich, was fürchterlich weh tat. Er blickte an sich herab und entdeckte die Verletzungen und Verbände. Da fiel ihm alles wieder ein, und er wurde sehr traurig, weil er nun wußte, daß er sich verlaufen hatte und weit weg von zu Hause war.

Die Tür öffnete sich, und ein großer, bärtiger Mann mit einer Pfeife im Mund trat ein. Er sah, daß der kleine Kater wach war, und sagte leise zu ihm:

„Guten Morgen, kleiner Kater, hoffentlich konntest du trotz deiner Verletzungen gut schlafen. Wer hat dich nur so zugerichtet? Du bist nicht von hier, ich habe dich noch nie gesehen. Aber wenn du willst, ist das jetzt dein Zuhause. Ich bin der Waldhüter und lebe hier, und du kannst bei mir wohnen."

Der kleine Kater schnurrte erleichtert. Es gefiel ihm gut hier, und als er sich das ganze Haus angesehen hatte, gefiel es ihm noch besser. Das lag hauptsächlich an der Küche: eine große Küche mit schwarzweiß gefliestem Boden, blankgeputzten Töpfen, einem warmen Herd, auf dem das Wasser siedete, und einem Räucherschrank, in dem köstlich duftende Schinken und Würste hingen! Als der Waldhüter sah, wie dem kleinen Kater das Wasser im Mund zusammenlief, lachte er, schnitt schnell ein Stück Schinken ab und gab es ihm.

Die Wunden des kleinen Katers heilten nur langsam. Er verbrachte seine Tage auf dem Sofa im warmen Zimmer und setzte sich nur manchmal auf das Fensterbrett, um hinauszusehen. Es zog ihn nichts nach draußen: Um das Haus heulte der Wind und trieb Regentropfen und Schneeflocken vor sich her. Der Waldhüter war oft daheim bei diesem Wetter, und der kleine Kater verbrachte viele Abende auf seinem Schoß, ließ sich kraulen und fühlte, wie seine Wunden langsam heilten.

So verging der Winter, der Kater wurde wieder gesund, größer und dicker. Das lag an dem guten Schinken, der allmählich kleiner wurde.

Als der Frühling kam, die Vögel freudig zu zwitschern begannen und die Bäume die ersten grünen Blätter trieben, sagte der Waldhüter zum kleinen Kater:

„Nun muß ich wieder hinaus und meine Arbeit tun. Du bist gesund, kannst umherstreifen und entdecken, was es hier gibt. Vor einem möchte ich dich aber warnen: In dieser Gegend wohnt eine Hexe, die nachts umherzieht. Besonders in stürmischen Frühlingsnächten treibt sie ihr Unwesen. Sei achtsam!"

Mit dem Frühling begann ein neues Leben für den kleinen Kater. Nach und nach erkundete er die nähere und dann die weitere Umgebung. Den ganzen Winter hatte er nur durch das Fenster geschaut, doch nun sah er sich überall um, kletterte auf Bäume, kroch unter Büsche, jagte Mäuse und sonnte sich auf warmen Steinen.

In den ersten Wochen wagte sich der kleine Kater nur tagsüber hinaus. Wenn es dämmerte, lief er schnell nach Hause und verbrachte den Abend auf dem Schoß des Waldhüters, der ihn kraulte und mit Schinkenstücken fütterte. Dann wurden die Tage länger und der Kater mutiger. Manchmal ging er erst nach Hause, wenn es schon dunkel war. Anfangs war ihm mulmig dabei zumute, aber er mochte die nächtliche Stimmung des Waldes, wenn die Vögel schliefen und die Fledermäuse durch die Luft huschten.

Der Waldhüter warnte ihn, wenn er spät nach Hause kam: „Gib gut acht, daß du nicht die Hexe triffst! Nachts kann dir das leicht geschehen. Wer weiß, was sie mit dir macht!"

Der kleine Kater ließ sich durch die Warnungen des Waldhüters nicht beirren, er wurde von Nacht zu Nacht mutiger, seine Ausflüge wurden länger und weiter.

Eines Nachts, es war die Nacht zum 1. Mai, streifte er wieder umher, als er einen Lichtschein sah, der von einem Hügel kam. Neugierig trabte er hin und schlich sich durch die Büsche an. Als er sah, was es war, traute er seinen Augen kaum: Um ein großes Feuer ritt eine Frau auf einem Besenstiel durch die Lüfte. Sie hatte lange, rote Haare und trug buntgemusterte Röcke und Blusen, die wild flatterten. Am Hals trug sie Ketten, an den Armen Reifen und an den Händen Ringe. All das Gold und Silber glitzerte und blitzte im Feuerschein,

während sie ihre Runden drehte. Der kleine Kater erschrak: Das mußte die Hexe sein. Aber er konnte nicht fliehen, so gebannt war er von dem, was er sah. Da schoß die Hexe auf ihrem Besen plötzlich auf ihn zu und rief laut: „Wen haben wir denn da! Besuch für mich! Ein kleiner schwarzer Kater!"
Der kleine Kater bekam einen Schrecken, machte einen riesigen Satz und raste davon. Über sich in der Luft hörte er die Hexe nahen und verkroch sich in einem alten Fuchsbau. Dort verbrachte er eine schlaflose Nacht, in der er auf jedes Geräusch lauschte und vor Angst bebte. Im ersten Morgenlicht rannte er nach Hause. Der Waldhüter stand in der Tür und hielt nach ihm Ausschau.
„Was ist geschehen?" rief er dem Kater entgegen. „Bist du verletzt? Hast du die Hexe getroffen? Hat sie dir etwas angetan?"
Der Kater schüttelte den Kopf, schlüpfte an ihm vorbei und ließ sich schnell in sein Körbchen fallen. Dort verschlief er den ganzen Tag. An diesem Abend blieb er in der Nähe des Hauses, am nächsten traute er sich schon etwas weiter, und am dritten war sein Mut zurückgekehrt. Er streunte nach Herzenslust durch die Gegend und achtete nicht darauf, daß die Dämmerung einsetzte.
Da brauste es über ihm, und als er hochblickte, sah er die Hexe auf ihrem Besenstiel über sich kreisen.
„He da, Katerchen", rief sie und lachte, „du bist ja mehr ein Hase als eine Katze, mit so einem Hasenherz, wie du es hast! Wovor bist du so schnell davongehoppelt in der Hexennacht?"
Der kleine Kater wurde erst starr vor Angst, doch dann kam Leben in ihn, und er rannte davon. Hinter sich hörte er die Hexe auf dem Besenstiel ihre Runden drehen und dabei singen:

„Da läuft der Kater Hasenherz! Seht den Kater Hasenherz!"
Außer Atem kam der kleine Kater zu Hause an. Der Waldhüter schaute ihn mißtrauisch an und fragte wieder, ob er die Hexe getroffen habe. Der kleine Kater sprang auf seinen Schoß, ließ sich kraulen und mit Schinkenstücken füttern.
Am nächsten Abend zog er aber wieder los. Diesmal nahm er sich vor, die Hexe heimlich zu beobachten. Er schlich zu dem Hügel, auf dem er sie hatte tanzen sehen. Sie war da: Über einem großen Feuer hatte sie einen blitzenden Kessel aufgehängt, in dem es kochte und brodelte. Da hinein warf sie alle möglichen Kräuter, murmelte Beschwörungen und sang geheimnisvolle Lieder. Der Kater sah ihr atemlos zu. Was trieb die Hexe da? Schließlich hörte er sie murmeln:

„Ich habe ein Begehren,
wer will mir das verwehren,
den kleinen Kater will ich haben,
mich an seinem Schnurren laben,
des Waldhüters traurige Gestalt
vertreibt ihr Mächte aus dem Wald!"

Der kleine Kater drehte sich um und sauste wie der Blitz davon. Als er nach Hause kam, brannte noch Licht, der Waldhüter saß im Sessel. Der Kater sprang auf seinen Schoß und ließ sich kraulen. Das beruhigte ihn immer ungemein. Der Waldhüter begann zu reden, und bald schon erzählte er wieder die gräßlichsten Geschichten von der Hexe. Der kleine Kater glaubte ihm jedes Wort, schrecklich klang die Beschwörung der Hexe in seinen Ohren nach.
Am Abend darauf zog es ihn jedoch zurück auf den Hügel, wieder beobachtete er die Hexe. Heute kochte sie eine Suppe

mit vielen verschiedenen Wurzeln und Gräsern und aß diese dann schmatzend, wobei sie immerzu sagte:
„Ah, schmeckt das gut, das muß ich meinen Hexenfreundinnen einmal kochen!"
Am nächsten Abend beobachtete der kleine Kater aus seinem Versteck heraus, wie die Hexe mit einem Eichhörnchen spielte. Die beiden scherzten miteinander und hatten so viel Spaß, daß der kleine Kater fast ein wenig neidisch war. Noch steckte die Angst zu sehr in ihm, als daß er sich herausgetraut hätte. Später saßen die Hexe und das Eichhörnchen nebeneinander am Feuer. Sie unterhielten sich wie uralte Freunde. Da hörte der kleine Kater die Hexe sagen:
„Weißt du, mein Freund, dieser Waldhüter ist eine rechte Plage des Waldes. So ein langweiliger Geselle. Immer rechtschaffen, immer brav, er versteht keinen Schabernack und macht mir das Leben zur Hölle! Am liebsten würde er mich aus dem Wald vertreiben. Und diesem kleinen Kater, der bei ihm lebt, hat er wohl auch rechte Schauermärchen über mich erzählt! Schade."
Der kleine Kater kam in dieser Nacht nachdenklich nach Hause. Er ließ sich vom Waldhüter kraulen und mit Schinkenstückchen füttern. Als dieser wieder Greuelgeschichten von der Hexe erzählte, dachte er bei sich: „So schlecht, wie er sagt, ist die Hexe vielleicht gar nicht."
Der Kater teilte seine Zeit nun in die Abende, die er auf seinem Lauschposten im Gebüsch am Hexenfeuer verbrachte, und die Nächte und Tage, die er im Haus des Waldhüters verschlief, in dem er sich füttern und kraulen ließ. Er wurde immer neugieriger und hätte sich gerne einmal aus dem Gebüsch getraut, um die Hexe kennenzulernen, aber seine Angst war zu groß.
Eines Abends lag er im Gebüsch und beobachtete die Hexe

beim Suppekochen. Sie streute etwas Pfeffer in den Kessel, da fegte ein ungestümer Windstoß über den Hügel, blies den Pfeffer ins Gebüsch und dem kleinen Kater in die Nase.

„Hatschi", machte der kleine Kater laut.

„Nanu", sagte die Hexe und spähte in das Gebüsch, „wer hat da geniest?"

„Hatschi", machte es zum zweitenmal, und die Hexe entdeckte den kleinen Kater, der in einem fort niesen mußte: „Hatschi, hatschi, hatschi!"

Die Hexe lachte laut und sagte dann:

„Komm heraus, Katerchen, du mußt dich nicht verstecken, ich tu' dir nichts. Du kannst von meiner Suppe haben, wenn du magst."

Der Kater mochte zwar keine Suppe, aber er wagte nicht, nein zu sagen, und schlürfte vorsichtig einen Teller davon. Die Hexe betrachtete ihn und sagte:

„So einen kleinen schwarzen Kater wie dich hätte ich gerne. Du könntest auf meiner Schulter sitzen, und wir hätten viel Spaß!"

Das war eine verlockende Aussicht für den kleinen Kater, denn bei seinen Beobachtungen hatte er gesehen, wie viele Freunde die Hexe hatte und wieviel verschiedene Dinge sie tat. Ganz anders als der Waldhüter, der jeden Abend alleine zu Hause in seinem Sessel vor dem bollernden Ofen zubrachte.

„Du kannst gleich heute bei mir bleiben", redete die Hexe weiter, „und mußt nicht mehr zurück zu dem Waldhüter."

Da bekam der kleine Kater einen Schrecken, denn ganz weggehen wollte er nicht. Wie würde er die Abende auf dem Schoß des Waldhüters vermissen! Er blieb noch eine Weile bei der Hexe, die ihn nicht gehen lassen wollte. Dann lief er nach Hause, wo ihn der Waldhüter schon sehnlichst erwartete. Der Kater sprang auf seinen Schoß, ließ sich kraulen und aß Schinkenstücke. Als der Waldhüter diesmal mit den schrecklichen Hexengeschichten anfing, sprang er herunter und ging schlafen.

Fast jeden Abend verbrachte der kleine Kater nun mit der Hexe, die ihm zuredete, zu ihr zu kommen und den langweiligen Waldhüter zu verlassen. Nachts saß er auf dem Schoß des Waldhüters, der schreckliche Geschichten von der Hexe erzählte. Der kleine Kater wußte gar nicht mehr, was tun. Er begann schlecht zu schlafen, was sich nachteilig auf das Mäusefangen auswirkte.

Eines Nachmittags hatte er gerade vergeblich versucht, eine Maus zu fangen. Die Maus entwischte ihm, und er schlug sich die Nase an einem Stein an. Maunzend saß er da. Er rieb sich abwechselnd die müden Augen und die wehe Nase. Da hörte er über sich ein Keckern, und jemand sagte:

„Na, nicht gerade in Hochform, kleiner Kater!"

Der Kater sah nach oben. Auf einem Ast saß das Eichhörnchen, das er bei der Hexe kennengelernt hatte.

„Nein", antwortete der kleine Kater, „ich schlafe schlecht und bin deshalb immer müde, mir entkommt jede Maus!"

„Das ist von Übel", sagte das Eichhörnchen, „erzähle mir, was deinen Schlaf stört!"

Der kleine Kater erzählte ihm seine Geschichte. Er berichtete auch, wie er sich zwischen dem Waldhüter und der Hexe hin und her gerissen fühle. Er könne sich nicht entscheiden, weil er sie beide möge. Das Leben bei jedem von ihnen hätte etwas für sich: bei der Hexe gebe es immer Neues und Aufregendes, dagegen habe er beim Waldhüter gemütliche Abende, Ruhe, Hinter-den-Ohren-Kraulen, und nicht zu vergessen: reichlich Schinkenstückchen.

„Jaja", keckerte das Eichhörnchen, „ich verstehe dein Problem. Aber ich verstehe nicht, wieso du dich entscheiden sollst. Geradesogut kannst du doch weiter die Abende bei der Hexe verbringen, dich nachts vom Waldhüter kraulen und füttern lassen und geruhsam in deinem Körbchen ausschlafen."

„Ich will mich nicht entscheiden", rief der kleine Kater, „mir gefällt es so. Die wollen, daß ich zwischen ihnen wähle!"

„Aha", sagte das Eichhörnchen, „so ist das. Dabei kann ich dir wohl helfen. Ich kenne die beiden, und beide kennen mich. Schon manches Mal habe ich ihnen einen Rat gegeben. Sie haben auf mich gehört. Ich werde das schon machen. Sorge dich nicht, kleiner Kater, du wirst sehen, alles wird gut. Nun lege dich erst einmal auf diesen warmen Stein in die Sonne."

Es drehte sich um und sprang in großen Sätzen davon. Der kleine Kater befolgte seinen Rat. Bald war er auf dem warmen Stein eingeschlafen.

Als die Sonne unterging, wachte er auf. Er rekelte sich, streckte sich, machte einen Katzenbuckel. Und auf einmal freute er sich unbändig auf das schöne Leben, das vor ihm lag: aufregende Abende am Feuer der Hexe, danach gemütliches Hinter-den-Ohren-Kraulen und Schinkenstückchen-Essen auf dem Schoß des Waldhüters, für die Nacht ein weich gepolstertes Körbchen und viele gefangene Mäuse – jetzt, wo er wieder gut schlafen konnte!

Für die Eltern: Der kleine Kater, oder

DIE „BÖSE" MUTTER

Problemhintergrund
Jörn ist sieben Jahre alt, als er nach einer heftigen, aggressiven Trennungsphase der Eltern, die ihn sehr verwirrt und verletzt hat, zu seinem Vater zieht, der eher ruhig und „bürgerlich" ist. Die Mutter, eine Malerin, hat großen Nachholbedarf an Ungebundenheit und lebt dies aus. Sie ist viel unterwegs, trifft sich mit Freunden, feiert Feste etc. Die Eltern haben sich darauf geeinigt, daß der Junge beim Vater bleibt.
Der Vater bietet mit seiner Art und seinem Leben dem Jungen Ruhe und Geborgenheit. Er lehnt die Mutter und ihren Lebensstil ab. Er unterstellt, sie sei eine „schlechte" Mutter, die ihr Kind weggegeben habe.
Der Junge lehnt einerseits die Mutter ab, hat andererseits Sehnsucht nach ihr. Er verweigert den Umgang mit ihr und beschimpft die Mutter als „böse". Zugleich weckt ihre Lebensform Neugier in ihm.

Ziel
Das Märchen soll Jörn helfen, sich vom Urteil des Vaters über die Mutter zu lösen und sie selbst kennenzulernen. Jörn kann durch Identifikation mit dem kleinen Kater den Mut aufbringen, die Fremdartigkeit der Mutter zu erforschen und sich dann das Gute sowohl vom Vater als auch von der Mutter zu holen, ohne dabei den jeweils anderen Elternteil als „schlecht" zu erleben.

Erzählweise
Der kleine schwarze Kater durchlebt dieselben Schwierigkeiten wie Jörn. Die Märchenfiguren von Hexe und Waldhüter sind so gewählt, daß anschaulich wird, wie wichtig es für Jörn ist, sowohl am Leben des Vaters als auch an dem der Mutter teilzuhaben. Das Scheitern der Ehe ist für Jörn ein Schicksalsschlag wie für eine junge Katze, die zufällig in den Kampf zweier großer Katzen gerät. Daß es den „guten" und den „bösen" Elternteil gibt, ist nicht die natürliche Sicht eines Kindes, sondern eine nachträglich von den Erwachsenen übergestülpte Betrachtungsweise. Deshalb ist das Märchen in gleicher Weise für Kind und Eltern bestimmt.

CLOWN POPOW

Sibirsk liegt im fernen Rußland, weit hinter dem Uralgebirge, in der moos- und flechtenbewachsenen Tundra. Dort lebt Igor, er ist fünf Jahre alt und geht seit kurzem in die Schule; nicht in die richtige Schule, sondern in eine Spielschule. Igor hat blonde Haare, ist hoch aufgeschossen, dünn und hat immer Schmutz unter den Fingernägeln. Kurz, er sieht aus wie ein ganz normaler Junge mit hellen, wachen Augen.
Alle im Dorfe kennen Igor, jeder kennt hier jeden, so klein ist das Dorf. Igors Vater ist Bürgermeister. Er ist der wichtigste Mann im Dorf, weil er zugleich auch Wirt im einzigen Gasthof ist. Deshalb hat er nie Zeit für Igor.
Einmal gab es große Aufregung im Ort. Wer gerade nichts anderes zu tun hatte, stürzte auf die Straße, um nachzusehen, was das für ein Lärm sei. Ein Zirkus zog ein, kein großer Zirkus, kein berühmter Zirkus, aber der erste Zirkus, der jemals seinen Weg durch Sibirsk nahm. Voran schritt würdig der Zirkusdirektor mit Zylinderhut, neben ihm ging der Elefant, dann kamen drei bunte Wagen, dahinter Pferde, Esel, Hunde und Affen. Den Abschluß bildete der Clown mit der roten Nase. Er war umgeben von einer Schar aufgeregt herumflatternder Hühner. Jedesmal, wenn der Clown gackerte, legte eines der Hühner ein Ei – oder es schien zumindest so als ob.
Am nächsten Tag war schulfrei. Wer laufen konnte, ging in den Zirkus. Eine Zirkusprinzessin ritt zunächst stehend auf dem rechten von zwei Pferden, dann auf dem linken, abschließend auf beiden. Ein Hund löste Rechenaufgaben, wie es alle Zirkushunde tun. Die Affen trieben Schabernack und machten stets das Gegenteil dessen, was sie sollten. Sie waren

so ungehorsam, daß die Kinder vor Begeisterung kreischten. Dann trat noch einmal die Zirkusprinzessin auf, diesmal als Trapezakrobatin hoch oben in der Zirkuskuppel, ehe ein Trompetenstoß den Höhepunkt der Vorstellung ankündigte. Popow, „der Clown mit der leuchtend roten Nase", und der Elefant Pipiw betraten die Manege. „Popo und Pipi", riefen die Kinder und hielten sich vor Lachen die Bäuche. Popow spielte Trompete, kletterte, stolperte, purzelte und . . . zauberte. Im Zirkus wimmelte es plötzlich von Hühnereiern, die auftauchten, wo sie niemand vermutete, eines sogar in Igors Hosentasche, und wieder verschwanden, ohne daß sich jemand erklären konnte, wohin. Währenddessen hatten zwei Stallburschen unbeobachtet eine Wanne mit Wasser ins Zelt getragen. Der Elefant nahm schnell einen Rüssel voll Wasser und spritzte ihn schnaubend über die schreienden Zuschauer. Als Popow es ihm verbieten wollte, bekam er eine Extraladung Wasser ab. Um einer weiteren unfreiwilligen Dusche zu entgehen, rettete sich Popow auf den Rüssel des Elefanten. Jetzt ging das Licht aus. Man sah nur noch die leuchtend rote Clownnase. Dieser rote Lichtpunkt stieg höher und höher und verschwand schließlich durch die Öffnung in der Zirkuskuppel. Dann ging das Licht wieder an. Die Manege war leer, die Zirkusvorstellung vorbei. Die Kinder tobten und klatschten, trampelten mit den Füßen und riefen bravo. Dann gingen alle, noch ganz benommen von dem Erlebnis, nach Hause.

In der Nacht träumte Igor, wie alle Kinder, vom Zirkus. Er selbst war Popow, der im Lichte seiner roten Nase trompetete, turnte und zauberte. Es war haargenau wie nachmittags im Zirkus. Sogar der Elefant war da und spritzte ihn von Kopf bis Fuß naß. Igor erwachte und hatte vor Aufregung ins Bett gemacht, wie alle fünfjährigen Jungen und Mädchen aus

Sibirsk, die in dieser Nacht vom wasserspeienden Elefanten geträumt hatten.
Am nächsten Morgen schalt die Mutter Igor und verbot ihm, in den Zirkus zu gehen. Als die anderen Kinder nachmittags zum Zirkus strömten, schloß Igor sich ihnen trotzdem an. Popow zauberte wie am ersten Tag ein Ei in Igors Hosentasche. Der Elefant spritzte alle naß. Es war so schön, daß Igor beschloß, später einmal Clown zu werden. Die Mutter sah Igors freudig gerötetes Gesicht, schickte ihn ohne Essen zu Bett, weil er ihr nicht gehorcht hatte, und drohte: „Wenn du diese Nacht ins Bett machst . . ." Vor Angst wagte Igor nicht einzuschlafen. Aber schließlich übermannte ihn doch ein tiefer Traumschlaf. Er war wieder Popow, ließ sich vom Elefanten mit Wasser bespritzen – und erwachte im nassen Bett.
Diesmal ging die Mutter mit ihm zum Doktor. Dieser erklärte, Igor vertrage die Aufregung nicht, verschrieb Baldriantropfen und erteilte striktes Zirkusverbot. Den Tag über verkroch sich Igor, so daß keiner seiner Freunde ihn finden konnte. In der folgenden Nacht hatte er schwere, wirre Träume. Mal war er der Elefant, mal der Clown. Ihm mißlang jedes Kunststück. Am nächsten Morgen fühlte er sich so müde, als habe er nicht geschlafen. Aber sein Bett war trocken. An diesem Tag war Igor zum ersten Mal mürrisch. Als seine Freunde nachmittags zum Zirkus zogen, winkte er ab: „Heute habe ich keine Lust", sagte er. Er dachte, er würde sich sonst wieder so aufregen, daß er nachts wieder ins Bett machen würde und nochmals zum Doktor müßte. Das war ihm so zuwider, daß er keine Lust mehr auf den Zirkus hatte.
Nach einer Woche beendete der Zirkus sein Gastspiel. Zum Abschied zog er nochmals mit Pauken und Trompeten durch das Dorf, voran der Zirkusdirektor und der Elefant, am Ende Popow mit seiner roten Nase, umgeben von flatternden Hüh-

nern. Die Kinder standen am Straßenrand und jubelten. Igor war nicht dabei.

In den darauffolgenden Wochen wurde in der Schule mehr gezaubert als gelernt. Igor kannte die meisten Tricks, verlor aber als erster die Freude daran. „Das Leben ist zu ernst für solche Kindereien", sagte er mit strenger Miene. Kam die Rede auf den Zirkus, schüttelte Igor den Kopf und meinte: „Popo und Pipi, wer darüber lachen kann, macht sich doch lächerlich."

Das Jahr ging um, und Igor kam in die richtige Schule. Er ist ein guter Schüler, der einmal seinen Weg machen wird. Manchmal aber träumt er noch von Popow mit der roten Nase und dem Elefanten Pipiw. In seinem Traum sitzt er in der letzten Reihe des Zirkus und beneidet die Kinder, die so sehr bei der Sache sind, daß sie nachts ins Bett machen werden.

Für die Eltern: Clown Popow, oder

VERHALTENSSTÖRUNGEN SIND NORMAL

Problemhintergrund
Dieses Märchen hat keinen Einzelfall als Grundlage, sondern eine Standardsituation: Die Eltern haben sich getrennt. Einer von beiden ist aus der Ehewohnung ausgezogen. Die Kinder, meist jüngere Kinder, erleben das als Verlust. Unter ihren Gefühlen dominiert die Angst, den verbleibenden Elternteil auch noch zu verlieren. Jeder Besuch beim anderen Elternteil ist für sie wie ein Wechselbad, weil sie binnen kurzer Zeit zweimal einen Abschied und zweimal ein Wiedersehen mit einem ihrer Eltern erleben. Gesunde Kinder reagieren auf diese psychischen Strapazen mit Regressionen und Verhaltensstörungen (Einnässen, Einkoten, Schlafstörungen, Appetitlosigkeit, Schulschwierigkeiten u. ä.). Wenn ein Kind auf die Trennung der Eltern scheinbar nicht reagiert, ist es krank (siehe auch Seite 156). Der Elternteil, bei dem das Kind wohnt, bemüht sich darum, daß das Kind wieder zur Ruhe kommt. Häufig gibt er dem anderen Elternteil die Schuld an den Störungen. Das zeitliche Zusammentreffen zwischen den Besuchen und den Verhaltensstörungen scheinen Beweis genug für den ursächlichen Zusammenhang.

Ziel
In Wahrheit liegt die Ursache tiefer: Sie liegt in der Trennung der Eltern. Die Aussetzung des Umgangs heilt die Verletzung

des Kindes nicht. Die Störungen lassen sich zwar kurieren, die Kinder kommen zur Ruhe, aber der Preis ist hoch, etwas in ihnen stirbt ab. Das Märchen vom „Clown Popow" will dies den Eltern verdeutlichen.

Erzählweise
Die leuchtend rote Clownnase ist das Symbol für Lebensfreude, die kalte Dusche das Symbol für Schicksalsschläge. Die Träume veranschaulichen die beiden Möglichkeiten, zwischen denen Eltern wählen können. Entweder Kinder dürfen der Clown sein und Freude wie Schicksalsschläge am eigenen Leib erleben, oder sie sind dazu verurteilt, Zuschauer in einer Arena zu bleiben, in der andere als Clowns und Elefanten agieren.

FRAU ROSAMUNDE

Dort, wo die Klippen steil ins tosende Meer abbrechen, weitab aller menschlichen Behausungen, steht das Schloß von Frau Rosamunde. In diesem Schloß wohnt sie alleine mit wenigen altvertrauten Dienerinnen. Das war nicht immer so. Vor wenigen Jahren noch lebte sie in der Stadt und ritt jeden Tag auf dem Rücken ihres edlen Schimmels durch die breiten, prunkvollen Straßen. Sie trug rotseidene Gewänder und kostbar glitzernden Schmuck. „Da kommt Frau Rosamunde, die tausendmal Schöne", sagten die Stadtbewohner neidisch und ehrerbietig zugleich.
Dann aber widerfuhr ihr großes Leid, und sie verließ fluchtartig die Stadt. Sie schwor, nie mehr an den Ort zurückzukehren, in dem ihr Böses getan worden war. Frau Rosamunde hatte außer ihren Dienerinnen ein Vögelchen in ihr einsames Schloß mitgenommen. Das nannte sie Goldkehlchen. Es war ein munterer, kleiner, zierlicher Gesell mit goldbraun glänzenden Federn und zartem gelbem Flaum auf der Brust. Goldkehlchen konnte wunderschön singen. Frau Rosamunde verbrachte ihre Tage damit, sich mit ihrem Vögelchen zu beschäftigen. Sie ließ es in einer silbernen Schale baden und trocknete danach sein Gefieder mit ihrem eigenen Atem, und sie sang mit ihm die schönsten Lieder. Oft saß sie neben seinem Käfig am Fenster und schaute Goldkehlchen liebevoll und mit Wärme im Herzen an. Frau Rosamunde liebte ihr Vögelchen mehr als sich selbst.
Eines Tages bemerkte sie, daß Goldkehlchen nicht mehr soviel sang wie früher. Vor allem am Abend, wenn die Sonne ins Meer tauchte, stimmte es wehmütige Lieder an und sandte sie

in Richtung Stadt, hin zur alten Heimat. Zunächst wollte sie nicht wahrhaben, was sie längst wußte, aber als ihr geliebtes Vögelchen immer matter und trauriger wurde, und sie beobachtete, wie es nur ihr zuliebe frohe Lieder sang, da sagte eine unerbittliche Stimme in ihr: „Goldkehlchen hat Sehnsucht nach der Stadt – laß es hinfliegen." Sie erschrak zutiefst, Angst durchzitterte sie, und sie antwortete: „Niemals. Die Stadt hat mich verletzt, und mein Vögelchen ist schwach, es wird in der Stadt leiden." Die unerbittliche Stimme schwieg. In der Nacht kam ein schrecklicher Traum zu Frau Rosamunde. Sie sah eine Schnecke, die hinten in ihrem Haus festklebte, nicht einmal mehr die Fühler aus dem Schneckenhaus strecken konnte und die unter vergeblichen, qualvollen Bemühungen elend verhungerte. Schweißgebadet und von panischem Schrecken erfüllt erwachte Frau Rosamunde. Die gebieterische Stimme in ihr sagte: „Laß Goldkehlchen fliegen!" Sie eilte zum Käfig, sah ihr geliebtes Vögelchen traurig dasitzen, aber gleichzeitig fielen ihr auch wieder die alten Bilder ein, wie sie von der Stadt gekränkt worden war, und sie dachte, ihr Vögelchen würde dort genauso leiden müssen. „Nein, niemals!" sagte sie laut. Und dann begann sie, Goldkehlchen wie gewohnt zu baden. In der folgenden Nacht hatte sie wieder einen qualvollen Traum. Sie sah einen braunen Hasen, der vor dem Fuchs tief unter die Erde floh, so tief ins Dunkel, daß er, als er endlich wieder ans Licht fand, blind war. Und wieder befahl ihr die unerbittliche Stimme beim Aufwachen: „Laß Goldkehlchen losfliegen!" Aber wieder überkam sie die Erinnerung an das Schreckliche, und furchtbare Angst erfaßte sie. Und wieder sagte sie: „Nein." In der dritten Nacht war der Traum, der sie heimsuchte, noch schrecklicher als die vorangegangenen. Ihr träumte, eine fremde junge Frau wickele ihr Neugeborenes langsam und

liebevoll von den Füßchen zum Kopf in lange, weiße, kostbare Spitzenbänder. Und als die Fremde das Köpfchen des Kindes umhüllte, tat sie es mehrfach und sorgfältig, bis der kleine Körper nicht mehr bebte und kein Laut mehr zu hören war. Mit einem Schrei wachte Frau Rosamunde auf und stürzte zum Käfig ihres Lieblings. Zitternd band sie ihm ein silbernes Glöckchen um den Hals und befestigte ein ebensolches am Fensterbrett. Dann öffnete sie den Käfig und das Fenster. Goldkehlchen plusterte sein schönes Gefieder auf und flog davon. Das Glöckchen an seinem Hals und das Glöckchen am Fenster klangen einen Augenblick gemeinsam. Aber dieses harmonische Klingeln gab Frau Rosamunde nur für einen kurzen Moment das Gefühl von Sicherheit, dann erfaßte sie eine große Angst. Sie kam erst wieder zu Sinnen, als sie hörte, wie die Glöckchen wieder zart miteinander klangen. Die Sonne ging gerade rotglühend im schäumenden Meer unter, und Goldkehlchen saß wieder in seinem Käfig. Voll Freude lief sie zu ihm hin, aber wie sah es aus! Sein Gefieder war zerrupft und zerzaust. Der goldene Flaum war mit etwas Dunklem, Schmierigem verklebt, war es Blut? In Frau Rosamunde tauchten die alten Erinnerungen wieder auf, und sie erzitterte bei dem Gedanken, daß ihr Goldkehlchen in der Stadt vielleicht verletzt worden war.
Während der folgenden Nacht schlief Frau Rosamunde nicht, aus Furcht vor einem schlimmen Traum. „Nie wieder", sagte sie, „nie wieder lasse ich es ziehen, ich kann es nicht." Als sie am Morgen übernächtigt zu ihrem Goldkehlchen kam, saß das Vögelchen schon erwartungsvoll am Käfiggitter und sang sein Lied von der Sehnsucht nach der Stadt. Es schien keine böse Erinnerung an die Stadt zu haben. Frau Rosamunde sagte „nein" und versuchte mit liebevoller Aufmerksamkeit das Vögelchen von seiner Sehnsucht abzulenken. Das

gelang ihr auch eine ganze Weile. An manchen Nachmittagen aber wurde Goldkehlchen matt und lustlos und einmal sogar richtig böse. Zum ersten Mal hackte es nach ihr. Da zog sie ihm mit zitternden Händen das Glöckchen an und ließ es in die Stadt fliegen.
Frau Rosamunde verbrachte den Rest des Tages krank vor Angst und Hilflosigkeit. Als die Sonne sank, klangen beide Glöckchen wieder zugleich, und Goldkehlchen kehrte in seinen Käfig zurück. Frau Rosamunde spürte für einen Augenblick in sich das beglückende Gefühl von Liebe und Sicherheit. Da begann ihr Liebling zu singen, und seine Lieder waren die Lieder der Stadt, Lieder, die sie daran erinnerten, wie sie zutiefst verletzt worden war. Die alten Bilder kehrten zu Frau Rosamunde zurück, und auch die alten Gefühle der Verletzung. „Nein!" schrie sie und schloß den Käfig ab. Am nächsten Tag war Frau Rosamunde sehr krank. Sie flehte Goldkehlchen an, nur heute nicht diese sehnsuchtsvollen Lieder zu singen und nur das eine Mal wieder froh bei ihr zu sein. Das Vögelchen bemühte sich, doch seine Sehnsucht war stärker, und schließlich öffnete Frau Rosamunde tränenüberströmt den Käfig. In ihrer Angst und Schwäche vergaß sie, ihrem Liebling das Glöckchen umzubinden. Als sie es bemerkte, brach sie zusammen und fühlte sich begraben unter Einsamkeit und Verlassensein. Erst der harmonische Gleichklang von zwei Glöckchen ließ sie wieder erwachen. Ihr Liebling saß in seinem Käfig und schaute sie liebevoll und mit wachen Augen an. Es ahmte den Klang des Glöckchens mit seiner goldenen Kehle nach. Ihr Vögelchen war lebendig und voller Lebensfreude, seine Lieder waren neu, die Art, wie es sein Gefieder spreizte, um ihr zu gefallen, erweckte ihre Neugier. Frau Rosamunde spielte mit ihrem Liebling und freute sich zum ersten Mal an seiner Freude.

Für die Eltern: Frau Rosamunde, oder

LIEBE BEDEUTET LOSLASSEN KÖNNEN

Problemhintergrund
Oliver ist zweieinhalb Jahre alt. Der Vater hat ihn und die Mutter vor kurzem wegen einer anderen Frau verlassen. Die Mutter ist zutiefst gekränkt. Sie zieht mit Oliver in eine andere Stadt und macht es dem Vater unmöglich, seinen Sohn zu sehen. Sie begründet ihre Entscheidung damit, daß es ihr unerträglich sei, ihr Liebstes einem Menschen anzuvertrauen, der ihr Vertrauen mißbraucht habe. Oliver reagiert auf die Trennung mit weinerlich-quengeligem Verhalten, das die Mutter als eine Reaktion auf den Ortswechsel deutet.

Ziel
Ich erzähle dieses Märchen der Mutter. Die Metapher soll ihr die Augen dafür öffnen, daß ihr Sohn den Vater vermißt und darunter leidet. Darüber hinaus erklärt die Metapher, daß Liebe zum Kind loslassen bedeutet und damit eine Entscheidung dafür, daß das Kind seine eigenen Erfahrungen machen darf und seine eigenen Beziehungen aufbauen soll, unabhängig von den Erfahrungen der Mutter.

Erzählweise
In meiner Erzählung gebe ich das innere Zwiegespräch vieler Mütter und Väter in ähnlichen Situationen wieder. Einerseits sagen sie: „Ja, das Kind braucht Mutter und Vater, um gesund aufzuwachsen", andererseits sagen sie: „Aber für mein Kind gilt das nicht, weil dieser Mensch meinem Kind schadet." Ich

schildere den Besitzanspruch, der hinter dieser Denkweise steht ebenso wie die Gefühle von Angst und Schmerz, die mit dem Loslassen von Kindern einhergehen. Die Hilfe im Märchen kommt aus dem Naturgesetz, daß Heranwachsen ein schrittweises Ablösen und Loslassen bedeutet.

DER WEINSTOCK
UND DER APFELBAUM

Nur die ganz Alten wissen noch, daß es, lange, lange vor ihrer Zeit, eine Zeit gab, als die Bäume nicht nur einen Schatten, sondern auch eine Seele und eine Stimme hatten, eine Stimme, die die Seele zum Klingen brachte. Große Bäume hatten eine tiefe Stimme, kleine Bäume eine höhere. Sträucher konnten mit der Stimme rascheln. Weithin zu hören war die Glockenblume. Die Gräser hatten dagegen einen ganz zart sirrenden Klang, weil ihre Seele so fein war, so daß es eines geübten Ohres bedurfte, um sie zu hören. Tagsüber verrichteten alle Pflanzen ihr Tagewerk. Am leichtesten hatten es die Sonnenblumen, die morgens ihre Blüten der Sonne entgegenstreckten und ihr dann bis zum Untergang folgten, und die Rosen, die nur ihre Blütenblätter zu öffnen und ihren Duft in die Welt zu verströmen brauchten. Schwieriger war es für andere Blumen, die reichlich Nektar für Bienen und Hummeln pressen mußten. Die größte und gröbste Arbeit aber hatte der Apfelbaum zu leisten. Kannenweise mußte er Wasser in die Krone saugen. Jedes Würzelchen war im Einsatz, die Rinde bekam vor lauter Anstrengung Schwielen. Den großen Ansprüchen der Äpfel an Obstzucker, Vitaminen und Duftstoffen konnte er kaum nachkommen. Ähnlich schwer hatte es der Weinstock, dessen Trauben unablässig forderten: mehr Zucker, mehr Zucker. So kam es, daß Apfelbaum und Weinstock oft noch nach Sonnenuntergang bei der Arbeit waren, wenn die anderen Pflanzen sich schon wohlig in der Dunkelheit wiegten. Das gemeinsame Los verband

beide. Sie schlossen Freundschaft, und diese Freundschaft war so tief, daß der Weinstock seinen Haupttrieb um den Stamm des Apfelbaumes rankte. Bis tief in die Nacht tuschelten Apfelbaum und Weinstock miteinander und entschädigten sich dadurch reichlich für die Mühen des Tages.
Manchmal kam der Wind zu Besuch ins Pflanzenreich, am liebsten abends, wenn alle, auch Apfelbaum und Weinstock, sich in Ruhe wiegten. Der Wind spielte mit den Pflanzen und erlaubte auch, daß sie mit ihm spielten. Da war ein Rauschen und Rascheln, ein Pischpern, Wispern und Kichern. Am ärgsten trieben es das Springkraut und seine Freundin, die Knallerbse, die nur Schabernack im Sinne hatten. Sie alberten so lange herum, bis die Bartnelke zur Ruhe gemahnte. Langsam wurden die Töne leiser und erloschen schließlich. Dann waren auch die Streitereien des Tages vergessen, der Kampf um den sonnigsten Platz und die besten Nährstoffe aus der Erde und auch die dauernde Rivalität zwischen Kräutern und Unkräutern. Kurzum, es ließ sich gut leben im Pflanzenreich.
Eines Tages aber kamen drei Männer mit Brillen und weißen Kitteln, die brachten Stative, Mikroskope, Pinzetten und viele andere Instrumente mit. Sie nahmen Proben, maßen, rechneten, verkleinerten, vergrößerten und diskutierten. Am meisten interessierte sie das Mostgewicht, der Zuckergehalt der Weintrauben. Aber auch beim Apfel entdeckten sie ein „Mostgewicht", und auch dafür interessierten sie sich sehr. Die Brennessel und ihre große Sippschaft der Taubnesseln hingegen ließen die Männer in den weißen Kitteln zu deren großem Vergnügen links liegen, sie hatten kein „Mostgewicht" zu bieten. Am siebten Tage faßten die Männer einen Entschluß, zeichneten einen Plan und verließen dann die Gegend. Wenig später kamen viele Gärtner mit blauen Arbeits-

anzügen und hatten Äxte, Spaten, Sägen sowie allerlei Pflanzgerät bei sich. Sie sprachen wenig miteinander, sie sägten, rodeten, jäteten und pflanzten vom Morgen bis zum Abend. Es staubte und krachte, es dröhnte und stöhnte den ganzen Tag im Pflanzenreich. Zwischendrin verglichen die Gärtner ihr Werk mit dem Plan der Männer in Weiß, den sie getreulich befolgten. Irgendwann nickten sie zufrieden, schulterten ihr Werkzeug und gingen davon. Der Apfelbaum wagte erst nicht, der wiedereingekehrten Ruhe zu trauen. Als er schließlich doch die Augen öffnete, fand er die Welt verändert. Es war lichter um ihn geworden, er konnte sich nach rechts und links neigen und nach Herzenslust seine Zweige schütteln, ohne jemanden dadurch zu stören. Ein Gefühl der Befreiung wollte sich in ihm breitmachen. Aber dann blickte er um sich. Von der Brennessel und ihrer Sippschaft der Taubnesseln fehlte jede Spur. Auch das fröhliche Springkraut und seine Freundin, die Knallerbse, konnte er nicht mehr entdecken. Dann blickte er zu den Rosen und Glockenblumen hinüber und spürte die Sonne auf seinem Stamm. Stamm? Erst jetzt bemerkte er, daß der Weinstock nicht mehr da war, und es fröstelte ihn trotz der Wärme.

Noch schlimmer erging es dem Weinstock. Die Männer in den weißen Kitteln hatten ihm ein höheres Mostgewicht verordnet und ihn deshalb an die Sonnenseite eines Berges verpflanzt. Er bekam Kalk und Hornspänedünger als Nahrung und als Halt einen ordentlich dicken Pfahl aus geschältem Kiefernholz. Außerdem wurden seine Triebe gründlich zurückgestutzt. Die Weintrauben wuchsen und reiften nun wie von selbst. Die Plackerei von früher hatte ein Ende. Aber jedesmal, wenn der Weinstock den Pfahl aus geschältem Kiefernholz unter seinen ausgreifenden Trauben spürte, vermißte er die zärtlich rauhe Rinde des Apfelbaumes und das nächtliche Getuschel. Es juckte und zuckte in seinen Wurzeln, als könne er sie aus der Erde reißen und zu Fuß oder besser gesagt zu Wurzel zu seinem Apfelbaum zurückkehren. Wohl gelang es ihm, einzelne Wurzeln aus dem lockeren Erdreich der Oberfläche zu lösen, aber der Wurzelstock, der sich längst in die Tiefe eingegraben hatte, widersetzte sich dem Wanderdrang. Ermattet gab der Weinstock schließlich auf. Eine Pflanze kann nicht fort von ihrem Ort, nicht einmal so langsam wie eine Schnecke. Das wußte er zu gut. In solchen Augenblicken schien das neue Leben unerträglich.

Dann kam der Abend, die Zeit, in der der zärtliche Wind die Pflanzen besuchte, um mit ihnen zu spielen. Der Wind meinte es gut mit dem Weinstock und dem Apfelbaum. Jeden Abend wehte er Rausch- und Raschelbotschaften vom Weinstock zum Apfelbaum und vom Apfelbaum zum Weinstock. Und dann fühlten sich beide, als schlinge der Weinstock wieder seine Triebe um die Rinde des Apfelbaumes.

Für die Eltern: Der Weinstock . . ., oder

DIE GETRENNTEN GESCHWISTER

Problemhintergrund
Hans ist sieben Jahre alt, als sich die Eltern trennen, Lotte neun. Da die Kinder viel streiten und Hans das Lieblingskind des Vaters ist, während die Mutter Lotte bevorzugt, entscheiden die Eltern, daß Hans beim Vater bleiben soll, während Lotte mit der Mutter zu ihrem neuen Lebenspartner zieht.

Ziel
Ziel des Märchens ist es, den Eltern klarzumachen, daß die Geschwister eine natürliche Beziehung haben, deren Erhalt wichtiger ist als alle erdenklichen Vorteile einer Trennung. Eltern und Kinder sollen ihren Entschluß noch einmal überdenken.

Erzählweise
Die fremdartigen weißen und blauen Männer, denen es um das Mostgewicht geht, stehen für die Erwachsenen, die eine neue Ordnung entwerfen, ohne zu bedenken, daß sie eine Kinderwelt, eine Wachstumsgemeinschaft von Apfelbaum und Weinstock, zerstören. Der Wind verkörpert die Hoffnung. Die Geschwister werden miteinander verbunden bleiben. Das ist so sicher wie das abendliche Wehen des Windes.

JOLANTE UND DIE
BLAUEN BLUMEN

Es war einmal eine Königstochter mit Namen Jolante, die lebte mit ihren Eltern glücklich und zufrieden in einem schönen Königreich. Ihr Vater regierte mit Weisheit und Großmut über das Königtum und war seiner Familie in Liebe zugetan. Von Zeit zu Zeit reiste er durch das Land, um nach dem Rechten zu sehen. Kaum hatte er dem Königsschloß den Rücken gekehrt, sehnten Jolante und die Königin sich nach ihm und wünschten seine Wiederkehr herbei. Jolantes Mutter verwaltete Haus und Hof und hielt die Reichtümer zusammen. Mit Zärtlichkeit wachte sie über Jolantes Wohlergehen und berichtete dem Vater bei seiner Rückkehr von ihren Fortschritten. So hatte ein jeder seinen Platz, war zufrieden mit seinen Aufgaben und erfüllte sie auf das beste. Sie lebten in Frieden miteinander, und durch das Schloß klang Gelächter und Gesang. Jolante war die glücklichste Königstochter, die je in dem Königreich gelebt hatte, und manche sagten gar, sie sei das glücklichste Kind weit und breit. Jolante selbst hätte sich kein schöneres Leben vorstellen können.

Doch dann schlich sich Unzufriedenheit im Schloß ein, und keiner hätte sagen können, wer ihr zuerst die Tür geöffnet hatte. Jolante hörte, wie Königin und König sich zankten. Die Königin warf dem König seine Reisen und Abwesenheiten vor, statt sich wie bisher über seine Rückkehr zu freuen. Der König spottete über die Aufgaben der Königin, statt sie wie bisher zu schätzen und zu loben. Nun klang kein Gesang und Gelächter mehr durch das Schloß, sondern Geschimpfe und Geschrei. Auch Jolante sang und lachte nicht mehr, sondern wurde von Tag zu Tag stiller und bedrückter.

Eines Nachts wachte Jolante von schrecklichem Lärm auf. Angstbebend saß sie in ihrem Bett und lauschte. König und Königin stritten wie nie zuvor. Jolante konnte die Worte kaum verstehen, so laut schrien sie einander an. Doch schließlich verstand sie einige Sätze.

„Dann geh doch in dein eigenes Reich, wenn du unseres nicht mehr mit uns teilen willst!" brüllte die Königin.

„Worauf du dich verlassen kannst!" brüllte der König zurück. Jolante zog sich die Decke über den Kopf und wünschte, sie hätte nichts gehört. In dieser Nacht weinte sie lange und schlief erst im Morgengrauen ein.

Als sie am nächsten Tag aufstand, schien das Schloß unter einem bösen Zauber zu stehen. Es war totenstill und wirkte verlassen. Die Diener und Mägde, die Pferdeburschen und Kammerzofen, die Jolante auf ihrem morgendlichen Rundgang traf, sahen zu Boden und murmelten „Guten Morgen". Nur der alte Gärtner, der gerade die Rosenbüsche beschnitt, strich ihr sachte über den Kopf und flüsterte: „Arme Kleine."

Jolante bekam immer mehr Angst und suchte ihre Mutter. Sie fand sie in der Schloßküche und stürzte auf sie zu.

„Was ist denn geschehen?" fragte Jolante. „Wo ist mein Vater, der König? Wieso ist es so still hier?"

Die Königin antwortete: „Unser Königreich ist zu klein geworden. Deshalb ist dein Vater davongegangen, um sein eigenes Reich zu gründen. Wir bleiben hier und behalten dieses Reich."

„Aber warum", rief Jolante, „es war immer groß genug. Es ist nicht geschrumpft! Wieso reicht es nicht mehr?"

Darauf antwortete die Königin nicht. Sie drehte sich weg, und Jolante sah, wie ihre Schultern zuckten, weil sie weinte.

Nun kam eine traurige Zeit. Jolante lebte mit ihrer Mutter in dem großen Schloß. Die Königin hatte nur noch wenig Zeit, da sie neben ihren eigenen Aufgaben auch die des Königs erfüllen mußte. Ihren Vater sah Jolante selten und vermißte ihn bitterlich. Von Zeit zu Zeit kam er geritten und nahm sie mit, um ihr sein neues Reich zu zeigen. Es war unwirtlich, das Schloß noch nicht fertig. Jolante gefiel es dort nicht, aber der König sagte: „Es wird wunderschön! Dann werde ich mehr Zeit für dich haben, und du wirst mich oft besuchen oder sogar für immer bei mir im neuen Schloß wohnen."
Wenn der König Jolante nach Hause brachte, warfen sich König und Königin jedesmal bitterböse Worte an den Kopf. Meist stritten sie darüber, in welchem Reich Jolante in Zukunft leben sollte.
„Jolante kommt zu mir, sobald mein neues Schloß fertig ist", sagte der König barsch.
„Das denkst du dir so", schrie die Königin, „Jolante bleibt da, wo sie die ganze Zeit war: bei mir!"
Jolante hielt sich bei solchem Streit die Ohren zu. Sie war meist traurig und viel allein. Oft saß sie auf dem Fensterbrett und träumte von früher, als es nur ein Königreich gab. Sie dachte darüber nach, wie es sein würde, bei ihrem Vater im neuen Schloß zu leben. Sicher würde er dann viel Zeit für sie haben. Wenn sie ihrer Mutter davon erzählte, wurde diese traurig. Jolante liebte ihre Mutter sehr, und sie liebte auch ihren Vater sehr. Beide gemeinsam zu lieben war in diesen Zeiten sehr schwierig.
So verging eine lange Zeit, in der Jolante wartete, hoffte und träumte. Endlich kam der Tag, an dem das neue Schloß fertig war. Jolantes Vater kam, um sie zu holen und es ihr zu zeigen. Er hob sie hinter sich auf das Pferd und sie ritten in des Königs Reich. Das neue Schloß war schön, aber Jolante fand, es

rieche seltsam. Ihr Vater, der König, sagte: „Neue Sachen riechen neu. Du wirst dich daran gewöhnen, mich oft besuchen und vielleicht bald bei mir wohnen." Jolante wagte nicht zu fragen, wann „bald" sei. Am liebsten wäre sie sofort zu ihrem Vater in das neue Schloß gezogen.
Die Zeit ging ins Land. Jolante lebte bei ihrer Mutter und besuchte ihren Vater. Immer noch stritten sich König und Königin darüber, in welchem Königreich Jolante wohnen solle. Als der König sie eines Tages wieder abholte, um mit ihr in sein Schloß zu reiten, sagte er in geheimnisvollem Ton: „Ich habe eine Überraschung für dich. Sie wartet zu Hause."
Jolante war voller Neugier, und der Ritt in des Königs Reich schien ihr ewig. Als sie ankamen und ihr Vater sie vom Pferd hob, sah sie im Schloßhof eine Frau und ein Mädchen stehen. „Das ist meine neue Frau, Jolante", sagte der König, „und das Mädchen ist ihre Tochter. Es ist so alt wie du. Ist das nicht schön, nun hast du eine Schwester gewonnen!" Aber Jolante freute sich nicht. Im Gegenteil, ihr Herz wurde schwer wie Blei, und in ihren Augen standen Tränen. Sie hatte solche Sehnsucht, alleine mit ihrem Vater in seinem neuen Reich zu leben. Sie fühlte sich neben der neuen Königin und ihrer Tochter überflüssig. Sie verbarg jedoch ihren Kummer. Die Besuche im neuen Schloß des Königs waren nun nicht mehr schön und voller Hoffnung. Sie waren mühsam, und Jolante kam oft traurig und enttäuscht zurück in das alte Schloß. Sie verbrachte viel Zeit allein auf der Fensterbank, schaute hinaus und weinte leise.
Als sie eines Tages so saß, hörte sie hinter sich eine Stimme: „Jolante, Königskind, worüber weinst du?"
Jolante drehte sich um und sah den alten Gärtner. Da brach alles, was Jolante in sich verborgen hatte, aus ihr heraus. „Niemand liebt mich mehr", rief sie verzweifelt, „meine Mut-

ter hat keine Zeit für mich. Mein Vater hat ein anderes Kind in sein Haus geholt. Er hatte mir versprochen, daß ich bei ihm leben darf, doch nun hat er ein anderes Kind!"
„Jolante", sagte der Gärtner und strich ihr tröstend über das Haar, „deine Eltern lieben dich. Selbst wenn deine Mutter wenig Zeit für dich hat und dein Vater mit einer anderen Frau in seinem Schloß lebt. Du hast den größten Platz in seinem Herzen und wirst niemals von einem anderen Kind vertrieben."
„Aber sie ist immer dabei", schluchzte Jolante, „niemals habe ich meinen Vater für mich! Er wird mich vergessen! Auch meine Mutter vergißt mich über all der Arbeit!"
„Wenn es das ist, was dich quält", antwortete der Gärtner und wiegte bedächtig den Kopf, „habe ich etwas, was dir helfen kann. Es kann dir nicht allen Kummer nehmen und vermag auch nicht, die beiden Reiche deiner Eltern wieder zu einen, doch es hilft dir in der größten Sorge. Komm mit mir!"
Jolante folgte ihm in den Garten und dort in eine schattige Ecke, wo unter einem Baum viele kleine, blaue Blumen wuchsen.
„Diese Blumen heißen Vergißmeinnicht", sagte der Gärtner, „und es sind die Blumen, die du und deine Eltern brauchen. Ich schenke dir einige in einem kleinen Topf, damit du nicht vergißt, daß viele Menschen dich lieben. Ich werde der Königin einige geben und ihr sagen, was sie nicht vergessen darf. Auch dem König werde ich einige Blumen geben und ihm sagen, was er nicht vergessen darf. Nun geh, gib gut auf deine Blumen acht und warte ab, was geschieht."
Jolante ging ihres Weges und nahm die blauen Blumen mit. Sie suchte für das Töpfchen den schönsten Platz in ihrem Zimmer, setzte sich davor und betrachtete die Blumen. Lange saß sie davor, bis es Abend wurde. Als es fast dunkel im Zim-

mer war, öffnete sich leise die Tür, und herein traten der König und die Königin. Beide hatten ein Töpfchen mit kleinen blauen Blumen in der Hand. Jolante sah sie verwundert an, und eine leise Hoffnung regte sich in ihr.
„Nein", sagte die Königin, die Jolantes Gedanken auf ihrem Gesicht lesen konnte, „dein Vater und ich werden unsere Reiche nicht mehr einen. Er wird sein Königreich behalten und ich meines. Aber über unserem Streit haben wir etwas Wichtiges vergessen: Wir haben vergessen, gut auf dich und dein Wohlergehen zu achten. Heute haben uns diese kleinen blauen Blumen, die uns der Gärtner brachte, daran erinnert. Ich möchte dir sagen, Jolante, wie leid es mir tut. Ich will mich in Zukunft mehr um dich kümmern und mir Zeit nehmen."
„Auch mir tut es leid, Jolante", sagte der König, „und ich will besser auf dich achten. Ich will in Zukunft Zeit mit dir alleine haben, du sollst wissen, daß du mein Kind bist und bleibst."
„Ich will nicht mehr mit deinem Vater darüber streiten, wo du leben sollst. Wir suchen einen gemeinsamen Weg", sagte die Königin, und im selben Augenblick sagte der König:
„Auch ich will nicht mehr mit deiner Mutter darüber streiten, wo du leben sollst. Wir suchen einen gemeinsamen Weg."
Der König und die Königin sahen sich zum erstenmal nach langer Zeit an und lachten laut. Jolante sah von einem zum anderen, und schließlich lachte sie mit.
„Und ich", sagte Jolante, „werde in meinem Herzen bewahren, daß ihr mich liebt."
So kam es, daß die Königstochter Jolante in zwei Königreichen zu Hause war. Es wäre ihr lieber gewesen, nur ein Zuhause zu haben, doch war sie nicht mehr so traurig. An düsteren Tagen, wenn ihr das Wissen und die Sicherheit abhanden kamen, mußte sie nur die blauen Blumen in ihrem Zimmer ansehen, um sich daran zu erinnern.

Für die Eltern: Jolante und die blauen Blumen, oder

GEMEINSAME SORGE, DEM KIND ZULIEBE

Problemhintergrund
Jule ist die einzige Tochter der Eltern. Diese trennen sich, als sie drei Jahre alt ist. Jule bleibt bei der Mutter. Der Vater arbeitet viel (auch um den Mehrbedarf zu finanzieren, den die Familie jetzt hat) und renoviert nebenbei einen von ihm gekauften Altbau. Er sieht Jule in dieser Zeit selten. Wenn er sie abholt, nimmt er sie mit auf die Baustelle, versichert ihr, wie schön dieses Haus werden würde und daß sie bei ihm wohnen werde, wenn es fertig sei.

Der Mutter macht das angst, und sie sagt kategorisch, daß Jule auf alle Fälle bei ihr bleiben werde. Jules Vater begehrt daraufhin das alleinige Sorgerecht und schränkt die finanzielle Unterstützung ein. Die Mutter fängt wieder an zu arbeiten, was ihre Verfügbarkeit für Jule verringert.

Die Eltern streiten sich zunehmend bei den Übergabeterminen. Jule beginnt, sie gegeneinander auszuspielen. („Wenn ich das und das nicht kriege, gehe ich zum Papa/bleibe ich bei der Mama.") Die Eltern sind zu zerstritten, um sich darüber auszutauschen.

Das Haus des Vaters wird fertig, und Jule, die inzwischen fünf Jahre alt ist, rechnet damit, zu ihm zu ziehen. Sie setzt die Mutter unter Druck: Da die keine Zeit mehr für sie habe, wolle sie zum Vater.

Der Vater lernt eine neue Freundin kennen, die bald zu ihm

in das neue Haus kommt. Sie bringt ihre fünfjährige Tochter mit. Jule fühlt sich nun von allen völlig verlassen und reagiert mit Rückzug einerseits und aggressivem Verhalten im Kindergarten gegenüber den anderen Kindern andererseits.

Ziel
Ziel des Märchens ist es, den Eltern Einsicht in die Nöte ihres Kindes zu geben, damit sie sich für eine kindgerechte Lösung und den Fortbestand der gemeinsamen elterlichen Sorge entscheiden können.

Erzählweise
Die Geschichte gibt in einer dem Alter von Jule entsprechenden Metapher das Problem des Kindes wieder. Bei Kindern im Kindergartenalter genügt schon eine geringe Verfremdung der Situation, um sie aus der Realität in die Märchenwelt hinüberzuholen. Die Erzählweise macht es dem Kind leicht, sich mit der Heldin, der Prinzessin, zu identifizieren.

MÄUSERICH, DAS MÄUSEKIND

In einem Mauseloch lebte ein Mäuserich mit seiner Mäusemama. Der Mäuserich war ein kleiner Mäusejunge, so wie Mäusejungen nun einmal sind. Er war nicht frecher und nicht feiger, nicht kleiner und nicht größer, nicht klüger und nicht dümmer als andere Mäusejungen auch. Dennoch war er auf seine Art ganz besonders, wie eben jeder ganz besonders ist.

Dieser Mäuserich hatte aber eine besondere Besonderheit: Er behauptete, sein Papa sei ein Eichhörnchen. Das stimmte natürlich nicht, denn wie jeder weiß, ist das Kind von einem Eichhörnchen ein Eichhörnchen und der Papa von einer Maus eine Maus. Aber unser Mäuserich glaubte fest an seinen Eichhörnchenpapa. Jeder, der einmal eine Maus und ein Eichhörnchen gesehen hat, hätte ihm sagen können, daß sein Papa eine Maus und kein Eichhörnchen war. Das einzige, was der Papa des Mäuserichs mit einem Eichhörnchen gemeinsam hatte, war ein leicht rötlicher Schimmer seines Fells. Ansonsten sah der Papa des Mäuserichs aus wie das, was er war: wie eine Maus. Alle hatten dem Mäuserich wieder und wieder gesagt, daß sein Papa eine Maus sei: die Mäusemama, die Mäuseoma, die Mäuselehrerin, der Mäuseonkel, die Mäusefreunde und alle Kumpels aus dem Mäuse-Fußballverein.

Aber der Mäuserich bestand darauf, daß sein Papa keine gewöhnliche Maus, sondern ein Eichhörnchen sei. Deshalb, sagte der Mäuserich, sei sein Papa auch besonders groß, besonders schnell, besonders klug, besonders gewitzt, könne besonders hoch springen und ganz besonders schnell rennen –

eben all das, was Eichhörnchen so können. Der Mäuserich sagte das wieder und wieder, bei jeder passenden und leider auch bei jeder unpassenden Gelegenheit. Langsam ging er mit seinem Eichhörnchenpapa, der eigentlich ein normaler Mäusepapa war, allen auf die Nerven, und wenn der Mäuserich nur die Schnauze aufmachte und sagte:
„Also mein Papa . . .",
stöhnten alle und murrten im Chor:
„. . . ist das größte, schnellste, klügste Eichhörnchen landauf, landab! Nur schade, daß er eine Maus ist!"
Wenn der Mäuserich protestierte, wandten sie sich ab, und keiner hörte mehr zu. Es wundert nicht, daß der Mäuserich mit der Zeit ziemlich einsam wurde und die anderen Mäusekinder immer seltener mit ihm spielten.
Das machte der Mäusemama große Sorgen. Sie sah, wie der Mäuserich immer öfter allein blieb und die anderen sich über ihn lustig machten. Oft redete sie ihm gut zu und sagte:
„Dein Papa ist eine Maus wie die Papas der anderen Kinder auch. Das weißt du doch ganz genau!"
Aber der Mäuserich schüttelte den Kopf und widersprach:
„Nein, Mama, er ist ein Eichhörnchen, und nicht nur eine Maus!"
Die Mäusemama grübelte Tag und Nacht, was sie tun sollte. Zum einen wußte sie genau, daß der Papa des Mäuserichs eine Maus und kein Eichhörnchen war – wer hätte das besser wissen sollen als sie? Zum anderen hatte sie einen Verdacht, warum der Mäuserich steif und fest so einen Unsinn behauptete. Es war nämlich so, daß der Mäuserich seinen Papa fast nie sah. Die Mäusemama und der Mäusepapa hatten sich vor langer Zeit getrennt, und die Mäusemama lebte allein mit dem Mäuserich. Der Mäuserich hatte seinen Papa erst ein paarmal in seinem Leben gesehen, und das letztemal war eine

Ewigkeit her. Wahrscheinlich hätte der Mäuserich ihn nicht einmal erkannt, wenn er ihn zufällig getroffen hätte.

Die meisten anderen Mäusekinder wohnten zu Hause mit ihrer Mäusemama und ihrem Mäusepapa. Natürlich gab es Mäusekinder, deren Eltern sich getrennt hatten. Sie lebten entweder bei ihrer Mäusemama oder bei ihrem Mäusepapa oder einmal hier und einmal da. Alle kannten ihren Vater und hätten ihn auch in einer stockfinsteren Nacht bei lautem Sturmgetöse erkannt.

Die Mäusemama glaubte, daß der Mäuserich diesen Unsinn mit dem Eichhörnchenpapa erzählte, weil er seinen Mäusepapa nicht richtig kannte. Sie hätte das gerne geändert, aber sie wußte nicht, wie.

Der Mäuserich steigerte sich immer weiter in den Traum vom Eichhörnchenpapa hinein. In der Schule wurde er schlecht, weil er Eichhörnchenbilder malte, statt aufzupassen und mitzumachen. Auf dem Schulweg ging er alleine, statt wie bisher mit den anderen zu toben und Fangen zu spielen. Er spähte lieber hinauf in die Baumwipfel, um Eichhörnchen zu entdecken. Nachmittags saß er einsam zu Hause, da seine Freunde die Geschichte vom Eichhörnchenpapa satt hatten und ihn nicht mehr zum Spielen abholten.

Eines Tages schaute ihn die Mäusemama beim Frühstück ernst an und sagte:

„Heute nachmittag, wenn du von der Schule nach Hause kommst, wird dein Papa hier sein. Er besucht dich, und ihr könnt einen Ausflug miteinander machen."

Der Mäuserich machte sich auf den Weg zur Schule. Er sang laut und rief allen anderen Mäusekindern, die er traf, zu: „Heute kommt mein Papa! Mein Eichhörnchenpapa kommt!" Aber die anderen beachteten ihn nicht, zu oft hatten sie vom Eichhörnchenpapa gehört.

Der Mäuserich konnte es kaum abwarten, bis die Schule endlich aus war und er losrennen konnte. Er flitzte nach Hause und kam außer Atem im Mauseloch an. Am Küchentisch saß eine Maus. Es war ein ganz normaler Mäusemann: klein, mausgrau mit leicht rötlichem Schimmer, zitternden Schnurrbarthaaren, schwarzen Knopfaugen und einer glänzenden Schnauze.
„Wo ist mein Papa", rief der Mäuserich, „Mama, du hast gesagt, daß mein Papa kommt!"
„Das ist er", sagte die Mäusemama und wies auf den Mäusemann, dessen Schnurrbarthaare jetzt noch stärker zitterten. Der Mäuserich betrachtete ihn und schrie:
„Das ist nicht mein Papa. Das ist bloß eine doofe Maus! Mein Papa ist ein Eichhörnchen und keine kleine mausgraue Maus!" Der Schnurrbarthaare des Mäusemanns zitterten noch stärker, und seine Augen glänzten, gerade so, als würde er gleich weinen. Er schluckte und sagte mit leiser Stimme: „Stimmt, Mäuserich, ich bin eine ganz normale Maus und kein Eichhörnchen. Aber ich bin dein Papa, und ich will mit dir in den Park zum Spielen gehen."
Der Mäuserich sträubte sich sehr. Auf keinen Fall wollte er mit diesem angeblichen Papa etwas unternehmen. Und noch weniger wollte er mit ihm gesehen werden. Was sollten die anderen denken, nachdem er immer gesagt hatte, er hätte einen Eichhörnchenpapa?
Aber schließlich ließ er sich überreden. Sie gingen zum Park und spielten dort Verstecken und Fangen und aßen ein Stückchen Käse und tranken etwas und spielten wieder Fangen. Es war ein schöner Nachmittag. Er verging wie im Flug. Gegen Abend saßen sie zusammen im Gras und schauten zu, wie die Sonne hinter den Bäumen unterging.
„Es war schön mit dir, Mäuserich", sagte der Mäusepapa lei-

se, „und ich merke erst, wie sehr es mir gefehlt hat, mit dir zusammenzusein. Ich will dich oft sehen und mit dir all die Sachen machen, die Mäseväter mit Mäusesöhnen unternehmen! Willst du?"

„Ja, Papa", sagte der Mäuserich leise. Sein Vater sah ihn liebevoll an, und man konnte deutlich sehen, wie sehr er sich darüber freute, daß der Mäuserich „Papa" zu ihm gesagt hatte.

Dann brachte der Mäusepapa den Mäuserich nach Hause. Auf dem Weg trafen sie einen Jungen aus der Klasse des Mäuserichs. Er musterte die beiden und rief dann:

„He, Mäuserich, dein Vater sieht aber ganz und gar nicht wie ein Eichhörnchen aus. Der ist doch bloß eine Maus!"

Der Mäuserich zuckte zusammen. Dann richtete er sich auf und rief zurück:

„Klar ist er eine Maus! Aber er ist schnell, klug, gewitzt, kann hoch springen und schnell rennen – ganz wie ein Eichhörnchen eben! Sonst noch Fragen?"

Er schaute zu seinem Mäusepapa hoch, sie zwinkerten einander zu und gingen weiter.

Für die Eltern: Mäuserich, das Mäusekind, oder

DER PHANTASIERTE SUPERVATER

Problemhintergrund

Svens Eltern leben seit drei Jahren getrennt. Sie haben beide kein Interesse daran, einander wieder zu begegnen. Schuld- und Schamgefühle sowie die Erinnerung an wechselweise Verletzungen lassen sie jeden Kontakt vermeiden. Beide beginnen eine Berufskarriere. Sven wächst, sozial gut eingebettet, bei der Mutter auf. Es fällt auf, daß er, je länger er seinen Vater nicht mehr gesehen hat, um so phantasievollere Geschichten über ihn verbreitet. Schließlich gibt er mit unrealistischen Schilderungen über seinen Vater so an, daß seine Freunde beginnen, ihn zu verspotten und zu meiden. Sven reagiert darauf mit Rückzug und vermehrten Träumereien.

Ziel

Das Märchen ist als Vorlesemärchen an die sorgeberechtigte Mutter gerichtet. Sie muß alles ihr Mögliche unternehmen, um den Vater wieder in das Leben des Sohnes einzubeziehen, damit der Junge eine Chance hat, sich ein realistisches Bild von ihm zu machen.

Erzählweise

Das Märchen übersetzt das Problem in eine Tiermetapher und bleibt so bewußtseinsnah. Es verwendet die Stilmittel der Übertreibung und Wiederholung. Die vielen Phantasien, die sich ein Kind über den abwesenden Elternteil machen kann, werden zu einem Motiv gebündelt. Das gibt der Metapher Kraft.

WIE MARC SEINEN VATER KENNENLERNTE
Ein wahres Märchen

Als Marc sieben Jahre alt war, erfuhr er von seiner Mutter, daß auch er einen Vater hatte, wie alle anderen Kinder. Bis zu diesem Zeitpunkt hatten die Mutter und ihre Familie das Thema „Vater" vollständig vermieden. Wo andere Kinder getrennt lebender oder geschiedener Eltern, die bei ihrer Mutter aufwachsen, in ihrem Gedächtnis schöne oder weniger schöne Erinnerungen an einen Vater haben, hatte Marc einen leeren, weißen Fleck: Marc dachte weder gut noch schlecht über seinen Papa. Er dachte gar nicht. Da ihn sein Onkel häufig von der Schule abholte, während seine Mama arbeitete, sagte Marc, befragt, wer denn sein Papa sei, „das ist der Er", was von Erwachsenen oft mißverstanden wurde, da der Vorname des Onkels Ernst lautete.

Marc sah seinen Vater erstmals bei einer Gerichtsverhandlung, bei der entschieden werden sollte, wann und wo er seinen Vater sehen dürfe. Marc hatte sich gewünscht, dabeizusein.

Acht Monate, nachdem Marc von seinem Vater erfahren hatte, fand die erste direkte Begegnung statt, und die spielte sich folgendermaßen ab: Marc hatte eine Mordsangst. Die Mutter, die ihn zum Treffen brachte, mußte ihre ganze Überredungskunst aufbieten, um ihn aus dem Auto zu bekommen. Marc zappelte und bockte wie Rumpelstilzchen. Ich sagte ihm, nachdem wir die Mutter ganz erschöpft im Garten in die Sonne gesetzt hatten, ich hätte keine Lust, einen solch wundervollen Sommertag mit mieser Laune zu verbringen. Ich wolle Spaß und Quatsch mit ihm haben und sei auch schrecklich neugierig, was für ein Mensch denn sein Vater sei, der gleich zum Mitspielen komme.

Auf das Stichwort „neugierig" fiel Marc ein, daß er sich letztes Jahr zu Weihnachten ein ganz besonderes, ferngesteuertes Auto gewünscht hatte, und dann lag unter dem Weihnachtsbaum ein verschnürtes Päckchen mit buntem Papier drumherum und roter Kordel, die schwer aufging, so daß er ganz ungeduldig wurde. Marc erzählte mir, der allerneugierigste Moment sei der gewesen, als er das Päckchen entdeckt habe . . . da sei er vor Neugier fast geplatzt. Wir waren uns darüber einig, daß Neugier sich wahnsinnig toll anfühlt und daß die bevorstehende Begegnung mit seinem Vater das gleiche sei wie das Erlebnis mit dem Auto damals zu Weihnachten.

Wir malten uns dann gemeinsam aus, wie ein Vater sein könnte: mit Bart und Brille oder klein und dick, und wir zauberten einen richtig tollen Vater. Marc zauberte sich einen Vater, der fliegen konnte, möglichst alle Automarken kannte, Quatsch machen konnte, Ball spielen und radfahren konnte, sich kleiner machen konnte als Marc, von Marc etwas lernen konnte und nach Brombeeren roch. Wir schrieben alle Wünsche auf einen Geheimzettel und verabredeten, den Vater entsprechend zu testen, um uns nach dem Treffen noch einmal über ihn zu unterhalten. Der Vater kam.

Wir saßen im Garten im Kreis, und die Mutter sagte zu Marc verabredungsgemäß: „Marc, das ist dein Vater." Danach verstummte sie und schaute angespannt die Gartenblumen an. Marc stand auf und rannte weg. Wir warteten schweigend. Nach einer ganzen Weile kam er mit einer leergeschlüpften Libellenlarve wieder, die er beim Gartenteich gefunden hatte. Ich zwinkerte Marc zu, ließ mir die Larvenhülle geben, zeigte sie dem Vater und fragte ihn, ob er auch der Meinung sei, daß dies die Hülle eines ganz kleinen Elefanten sei. Marc kicherte, weil er merkte, daß das die erste Testfrage an den Vater war: Versteht der Vater Quatsch? Der Vater, der zuerst etwas ratlos dreinschaute, lachte plötzlich mit und erzählte von vielen kleinen Elefanten am Teich. Das Eis zwischen Marc und seinem Vater war gebrochen.

Von da an überschlugen sich die Ereignisse: Marc stürzte sich förmlich auf seinen Vater, beanspruchte ihn für sich und testete ihn durch und durch. Die beiden spielten Ball, machten eine Radtour, schwätzten und lachten, und Marc schenkte der Tatsache, daß seine Mutter den Garten verließ, um „einzukaufen", keine Beachtung. Schließlich ließ Marc sich von mir die Geheimliste geben, der Vater mußte sie vorlesen und machte Haken hinter alle Fragen, außer hinter die Fragen: „Kann er fliegen?" und „Riecht er nach Brombeeren?" In diesem Moment kam die Mutter zurück, und wir setzten uns in den Garten, um zu besprechen, wie, wann und wo Marc seinen Vater wiedersehen sollte. Marc hatte vor Begeisterung glühende Backen und war voller Freude. Auf die Frage: „Möchtest du deinen Vater lieber in acht Tagen oder in vierzehn Tagen wiedersehen?" antwortete er: „Was ist näher?"

Dann sprang er plötzlich auf, kletterte wie ein Wiesel auf eine nahe stehende Kiefer und sprang von beträchtlicher Höhe zu uns herunter. Das ging so schnell, daß wir Erwachsenen noch nicht einmal Zeit hatten, uns aufzuregen. Strahlend sagte er zu seinem Vater: „Siehst du, das ist Fliegen." Der Vater schaute kopfschüttelnd die dürre Kiefer an und meinte, nein, dieser Baum eigne sich nicht als Kletterbaum für ihn. Wir einigten uns darauf, daß der Test vom Fliegen und vom Brombeergeruch später stattfinden sollte, und ich ging mit Marc ins Bad, um ihm beim Reinigen seiner harzigen Hände behilflich zu sein. Als wir alleine waren, strahlte Marc mich an und sagte: „Jetzt habe ich auch einen Papa, und den behalte ich immer."

3. Teil

ANLEITUNG FÜR DAS ERFINDEN HEILENDER MÄRCHEN

WIE SIE DIE GESCHICHTEN FÜR IHR KIND VERÄNDERN KÖNNEN

Die meisten Geschichten in diesem Buch habe ich Kindern (oder Eltern) erzählt, die ich kenne, deren persönliche Lebensumstände mir vertraut sind und deren Probleme wir gemeinsam lösen wollen. Deshalb enthalten diese Märchen viele Einzelheiten aus dem Leben und dem Umfeld der Betroffenen, die es ihnen erleichtern, sich mit den Figuren in der Geschichte auf einer unbewußten Ebene zu identifizieren.

Trotzdem können die in diesem Buch niedergeschriebenen Märchen Kindern auch unverändert vorgelesen bzw. erzählt werden. Denn die gewählten Figuren – vom kleinen Kater, der zwischen Waldhüterpapa und Hexenmama wählen soll, über den Mäuserich, der sich einen Eichhörnchenpapa phantasiert, bis zum kleinen Tännchen, das sehnsuchtsvoll auf Schnee wartet – stammen alle aus der Erlebniswelt der Kinder und sind im reichen Märchen- und Geschichtenschatz unseres Kulturkreises verankert.

Dennoch kann es sein, daß Ihnen manche Details einer Geschichte für Ihre Lebenssituation fremdartig erscheinen, daß Sie die Geschichte gerne für Ihr Kind verändern und verschönern wollen.

Um Ihnen dies zu erleichtern, möchte ich Ihnen zunächst zeigen, wie Sie sinnvoll eine Metapher in eine andere verändern können und danach, wie Sie die für Ihr Kind passenden Details finden.

Wie Sie Metaphern sinnvoll verändern

Jedes Märchen enthält Metaphern von unterschiedlicher Bedeutung und Wichtigkeit. Die Metaphern der oberen Ebene betreffen den Kern der Geschichte. Sie entscheiden darüber, welche Art von Märchen Sie erzählen: Das Märchen vom kleinen Kater z. B. wird zu etwas völlig anderem, wenn Sie statt eines kleinen Tieres eine weggeschenkte Puppe als zentrale Figur einsetzen. Verändern Sie eine Metapher auf der oberen Ebene, so müssen Sie die Metaphern auf der mittleren Ebene (die den Handlungsverlauf bestimmen) und der unteren Ebene (der Ebene der ausschmückenden Details) ebenfalls verändern, das heißt, Sie erfinden ein völlig neues Märchen. Dazu bekommen Sie das Handwerkszeug im Kapitel „Wie Sie Geschichten für Ihr Kind selbst erfinden" (siehe Seite 147 f.).

Wenn Sie Metaphern der mittleren Ebene verändern, dann verändern sich die der unteren auch. Das ist ganz einfach und macht viel Spaß. Ich werde Ihnen das Verändern der Märchen an der Geschichte vom „kleinen Tännchen" darstellen.

Das kleine Tännchen

Die Metapher auf der oberen Ebene ist ein Baum (einerlei welcher Sorte) im Wachstum. Er verbildlicht das Kind in seiner Entwicklung. Würden Sie statt dessen als Metapher den Bau eines Hauses wählen, so würde eine ganz andere Geschichte daraus.

Zur mittleren Ebene gehört die Metapher vom Winter. Der Winter steht für Freude und schöne Erlebnisse. Ein Kind jedoch, für das Winter mit Schnee nicht die schönste Jahreszeit ist, wird sich in die angenehmen Gefühle des kleinen Tännchens nicht gut hineinversetzen können. Wählen Sie die

Lieblingsjahreszeit Ihres Kindes, den Frühling, den Sommer oder den Herbst. Sie bemerken, damit ändern sich viele Metaphern der unteren Ebene. Ich gebe Ihnen einige Beispiele (in Klammern jeweils die Metapher in der Geschichte):

(ein Tännchen am Waldrand): eine Weide am Flußufer, ein Kirschbaum im Garten; für ein Stadtkind: ein Baum im Hinterhof oder in einem Park, den das Kind häufig aufsucht

(dort, wo der Jäger seinen Hochsitz hat): dort, wo die Nachbarskinder immer spielen; dort, wo man im Sommer so schön im Schatten sitzen kann; dort, wo Frau Müller rosarote Rosen gepflanzt hat

(um die schöne Aussicht zu genießen): um dein Gesicht in der Sonne zu wärmen; um die Katze im Fenster gegenüber zu beobachten

(der Winter mit dem Schnee): der Frühling mit seinen bunten Blumen; der Sommer, wenn Kinder um den Baum Ringelreihen spielen und die Alten jeden Abend unter dem Baum sitzen und einander Geschichten erzählen; der Herbst, wenn alle Blätter sich in ihrer buntesten Farbenpracht zeigen und die Kinder im Park Drachen steigen lassen

(das wunderschöne Kleid aus Schnee): ein rosarotes Rüschenkleid aus Kirschblüten mit weißem Spitzenbesatz; für die Weide im Herbst eine lustige Igelstachelfrisur, aus den Weidenruten binden die Korbflechter wunderschöne Körbe; ein prächtiges, grünes Blätterdach, das die Vögel beschützt, die darin ihre Nester bauen

(Hops, der freche Hase): eine Katze, die den Baum als Kratzbaum verwendet; Jungen, die im Baum herumklettern und die frischen Triebe knicken

(die Ladung Schnee, die der Hase zwischen die Löffel bekommt): Blütenstaub, der die Katze in der Nase kitzelt, daß sie niesen muß; kräftiges Wippen mit den Ästen, so daß die Jungen fast das Gleichgewicht verlieren und schleunigst wieder vom Baum herunterklettern

(der Winter kommt nicht): Es friert noch spät im Frühling, viele Blüten fallen ab; es ist ein verregneter, wolkenverhangener Sommer, niemand sitzt unter dem Baum und erzählt Geschichten; die Korbflechter stutzen die Weide nicht

(das eingeschränkte Wachstum des Baumes): Der Kirschbaum vergißt, die Kirschen reifen zu lassen; die Weide treibt nur ganz schwache Triebe, die man nicht zum Flechten verwenden kann; der Baum im Park wird von einem Pilz befallen, und die Blätter verdorren mitten im Sommer

(die Sehnsucht tut weh, weil das Tännchen keine Schutzrinde hat wachsen lassen): Der Kirschbaum hat Schmerzen, weil der Saft in seinen Zweigen staut; die Weide hat Schmerzen, weil sie nicht gestutzt wird und die Herbststürme an ihren Haaren reißen; der grüne Baum friert, weil es regnet und ihn seine Blätter nicht schützen

(der Wurzel-Sepp): die blaue Fee, das Heinzelmännchen, der Herr der Zauberer

(warum der Schnee nicht mehr kommt): Der Frühling wird nie wieder so sein wie früher, weil es kälter geworden ist auf der Erde, der Kirschbaum wird ab jetzt weniger Blüten tragen; die heißen Sommer kommen nicht wieder, aus demselben Grund, deshalb sind viele Vögel weggezogen, niemand baut mehr ein Nest im Baum; die Korbflechter kommen im Herbst nicht mehr zur Weide, weil alle Körbe jetzt aus Kunststoff hergestellt werden

(das Tännchen beginnt wieder zu wachsen): Der Kirschbaum treibt die schönsten, rotesten, leuchtendsten Kirschen; die Weide läßt ihre Triebe wieder dick und biegsam in die Höhe treiben, und im Frühling hat sie mit ihren seidigglänzenden Palmkätzchen den schönsten Kopfschmuck von allen; der grüne Baum kämpft gegen den Pilz (mit Hilfe des Zauberers, der ihm einen besonderen Trank verabreicht) und behält bis spät in den Herbst seine Blätter – die dann wunderschön bunt gefärbt sind; die Vögel kommen nicht wieder, dafür hat sich ein Eichhörnchen in einer seiner Baumhöhlen wohnlich eingerichtet

(das regennasse Laub, das auf den Hasen Hops fällt): Der Kirschbaum bewirft die Katze (oder die Jungen) mit Kirschen; der grüne Baum wippt wie eh und je mit seinen kräftigen Zweigen, aber weil es viel regnet, kann er es jetzt noch wilder treiben: Wenn er sich schüttelt, kriegen die Jungen, die in ihm herumklettern (bzw. die Katze, die die zarten Triebe anknabbert), auch noch eine kalte Dusche ab. Und die Weide verjagt die Katze mit einem energischen Zischeln und Rascheln ihrer langen Zweige, an den Jungen rächt sie sich, indem sie im Herbst die Schnüre der Drachen, mit denen die Jungen spielen, in ihre Zweige verheddert

Der König, der auszog, den Drachen zu töten

Ein anderes Beispiel für die Veränderung einer Metapher auf mittlerer Ebene zeige ich an der Geschichte der Prinzessin Honigmund. Die Metapher, die ich gewählt habe, zeichnet den Lebensstil der Familie vor der Trennung – die Mutter versorgt den Haushalt und das Kind, der Vater verdient das Geld – und den Trennungsmechanismus nach. Die Schilde-

rung der Prinzessin Honigmund entspricht in Äußerlichkeiten und Verhaltensweisen Karin.
Prinzessin Honigmund, die Identifikationsfigur in dieser Geschichte, kann selbstverständlich auch ein Prinz sein. Dann verändern sich entsprechend die Metaphern der unteren Ebene. Jedenfalls sollte die Prinzessin oder der Prinz die Züge des Kindes tragen, und bei der Schilderung des Alltags im Haus der Königin lassen Sie ruhig ein paar Gewohnheiten aus Ihrem täglichen Leben einfließen.

Weitere Beispiele für Veränderungen auf der mittleren Ebene sind, wenn Sie aus einem Papa eine Mama machen oder wenn Sie die Geschichte von einem Kind, das seinen Vater nicht mehr sehen will, einem Kind erzählen, das seinen Vater nicht kennt.
Am häufigsten und am einfachsten sind Veränderungen auf der unteren Ebene. Ich gebe Ihnen Beispiele dafür aus anderen Märchen:

Der Hase Hops, der Frosch Quak und der weise alte Mond

Die Einzelheiten des Märchens entsprechen den Lebensumständen der Familie. Peter ist ein Junge, der sich in der Natur und mit Tieren gut auskennt, sein Großvater hat im Garten einen kleinen Hasenstall, und am Wochenende fährt Peter mit seiner Mutter oft zu einem Teich, in dem sich viele Frösche tummeln.
Sie können für die Geschichte auch andere Tiermetaphern wählen. Wenn Sie ein Haustier haben, ist es besonders einfach. Dessen Eigenheiten kennt Ihr Kind bestimmt gut, und es versteht auch leicht, wie schwer es sein muß, wenn dieses plötzlich etwas nicht mehr tun soll, was es früher immer durf-

te, und für das es auch gelobt wurde. Das zweite Tier, in meiner Geschichte der Frosch, kann ebenso ein Fisch, eine Maus oder ein Marienkäfer sein, jedenfalls sollten Sie ein Tier wählen, das dem Kind sympathisch ist.

Die vermeintliche Entführung

Vor allem in den Details enthält dieses Märchen viele Elemente aus dem Leben Bellindas, die sich aber leicht durch Details aus Ihrem Leben ersetzen lassen. Die Figur des Vaters, in der Geschichte ein schöner, fremdländisch aussehender Ritter, kann ebenfalls an Ihre persönliche Situation angepaßt werden. Denn die grundlegende Problemsituation des Märchens – die Eltern trennen sich, weil sie einander wegen ihrer unterschiedlichen Herkunft (oder auch Sozialisation) fremd geworden sind – schließt in jedem Fall mit ein, daß einer der Ehepartner Gewohnheiten pflegt, die den anderen stören.

Tom auf großer Fahrt

In diese Geschichte habe ich die Tatsache eingebaut, daß Tom Pfadfinder ist. Für Kinder, die Gruppenerlebnisse nicht kennen, können Sie auch andere „Begleiter" für die Schiffsreise wählen, die dann auf dem Schiff nicht mehr auffindbar sind, z. B. ein Kindermädchen, eine befreundete Familie, die das Kind mitnimmt, die Schulklasse, die mit dem Lehrer einen Ausflug macht. Sie sollten als Begleiter jedoch nicht Personen wählen, die dem Kind zu nahestehen. Das Verschwinden dieser Begleiter auf dem Schiff würde einen großen Vertrauensbruch bedeuten.

Die vierzig Enten mit den roten Köpfchen, den grünglänzenden Flügeln und dem Krönchen auf dem Kopf

Die Einzelheiten des Märchens habe ich aus Erzählungen des Kindes und der Eltern entnommen. Danielas bester Freund heißt Christoph. Daniela ißt am liebsten Milchschokolade und Vanilleeis, sie schwimmt gerne und klettert auf Bäume. Wenn sie sich an Zeiten des Wohlbefindens erinnert, spricht sie von farbigen, glitzernden, bewegten Situationen in der Natur. Wenn es Daniela schlechtgeht, ist ihre Welt grau, sie sieht nicht mehr klar, und laute Geräusche beängstigen sie.
All diese Einzelheiten lassen sich durch andere Bilder aus der Welt Ihres Kindes ersetzen, die seinen Vorlieben entsprechen.

Der Elefant aus Celebes

Marc wohnt mit seiner Mutter und seinen Großeltern tatsächlich in einem alten, modernisierten Bauernhaus. Als ich ihn besuche, zeigt er mir stolz den großen Hühnerhof hinter dem Haus und den ehemaligen Kornspeicher, in dem er viele Mäuse vermutet. Anstelle des alten Bauernhauses kann auch ein Dachboden oder ein Keller, eine Ritterburg oder eine Mühle das Zuhause für die Mäusefamilie sein.

Wie Sie die passenden Details für Ihr Kind finden

Um genau jene ausschmückenden Einzelheiten zu finden, die Ihr Kind leicht versteht, benötigen Sie Informationen. Einige davon sind Ihnen sicher wohlvertraut:
- Sie kennen die Namen der Freunde und Freundinnen des Kindes.

- Sie wissen, was es gerne ißt und trinkt.
- Sie wissen, womit es am liebsten spielt.
- Sie wissen, welche Farben es liebt.
- Sie wissen, welche Töne ihm gefallen und welche Musik es mag.
- Sie wissen, in welcher Umgebung, bei welchem Wetter, zu welcher Tageszeit es sich am wohlsten fühlt.

Subtilere Informationen, mit denen Sie das Märchen individuell besonders reizvoll und wirksam gestalten können, erhalten Sie, wenn Sie herausfinden, was notwendig ist, damit es Ihrem Kind so richtig gutgeht, bzw. welche Bedingungen herrschen, wenn es sich schlecht fühlt. Um Ihnen das zu erleichtern, habe ich einen Fragenkatalog zusammengestellt. Aus den Antworten Ihres Kindes können Sie dann jene Elemente herausfiltern, die in der Geschichte für das Problem (sich schlecht fühlen) und für die Lösung des Problems (sich gut fühlen) stehen.

Unter welchen Bedingungen fühlt sich Ihr Kind wohl und glücklich?

Stellen Sie in einem ruhigen Augenblick folgende Fragen an Ihr Kind, beispielsweise während Sie abends an seinem Bett sitzen. Befragen Sie es über Tagesereignisse, mit denen das Kind selbst zufrieden ist, sprechen Sie über Freizeit- und Urlaubserlebnisse. Fragen Sie beispielsweise:
Als du mit Jan diese Super-Sandburg am Strand gebaut hast (von der das Kind gerade berichtet):
- War das am Tag oder am Abend?
- Was war zu hören, während ihr gebaut habt, Kinder oder Erwachsene, das Meer, der Wind oder was sonst, oder war es still?

○ Hat die Sonne geschienen, oder war es ein kühler Tag?
○ Hast du das Meer gerochen, das Sonnenöl oder gar nichts?
○ Hast du gerade ein Eis geschleckt?

Sie erhalten auf diese, dem Kind angenehme Weise rasch alle Informationen über die Bedingungen, die Ihr Kind für sein Wohlbefinden braucht. Verwenden Sie Ihren Schatz an Antworten für den Teil Ihrer Geschichte, der die Lösung enthält.

Wann fühlt sich Ihr Kind schlecht und unglücklich?

Aus den Berichten Ihres Kindes über Details angenehmer Erlebnisse können Sie meist durch Umkehrung entnehmen, welche Bedingungen herrschen, wenn sich das Kind unwohl, unsicher, unfrei, traurig u. ä. fühlt. Beispielsweise wird ein Kind, das frischen, kühlen Wind bei Sonnenschein am hellen Meeresstrand gemeinsam mit einem Freund besonders positiv erlebt, sich wahrscheinlich alleine in einem dunklen, heißen, stickigen, geschlossenen Raum unwohl fühlen. Sie können aber auch direkter nach negativen Erlebnissen fragen. Wenn Sie sich für diesen Weg entscheiden, stellen Sie Ihre Fragen nach den Einzelheiten von schlechten Erinnerungen unbedingt, bevor Sie mit Ihrem Kind über die angenehmen Erlebnisse reden. Dann können die positiven Erinnerungen die negativen „neutralisieren".

Hier einige hilfreiche Fragen:

„Manchmal geht es dir gar nicht gut. Da bist du traurig oder wütend oder ängstlich oder fühlst dich ganz alleine oder irgendwie anders schlecht – das ist bei allen Kindern und bei allen Erwachsenen so. Das gehört zum Leben, wie die Kruste zum Brot. Kannst du dich erinnern, wie das das letzte Mal war?" Wenn Ihr Kind nickt, lassen Sie sich aber nicht den Inhalt des Negativerlebnisses schildern, sondern fragen Sie nach den Details:

Als deine Freundin Julia dich gehänselt hat:
- Wie war da das Wetter?
- Wart ihr im Freien oder drinnen?
- Schien die Sonne, oder war es grau draußen?
- Um welche Zeit war das, zu Mittag, am Abend?
- War es laut draußen oder ringsum ganz still?
- War es warm oder kalt?
- War noch jemand bei dir?
- Kannst du dich an einen bestimmten Geruch erinnern?

Wenn Sie gut zugehört haben und sich weniger auf das *Was* des negativ Erlebten und mehr auf das *Wie,* die Sinnesqualitäten, konzentriert haben, besitzen Sie alle Informationen, die Sie brauchen, um das Problem sinnenspezifisch zu schildern. Hier eine Liste von Sinnesqualitäten unserer fünf Sinne: Sehen, Hören, Spüren, Riechen und Schmecken. Anhand der hier aufgezählten Gegensatzpaare fallen Ihnen bestimmt eine Reihe guter Fragen an Ihr Kind ein.

Sehen:

hell	dunkel
bunt	schwarzweiß
bewegt	starr
klar	verschwommen
rund	eckig

Hören:

laut	leise
hoch	tief
melodisch	skandiert
schnell	langsam
deutlich	undeutlich

Spüren:

warm	kalt
rauh	glatt
naß	trocken
schwer	leicht
stark	schwach

Riechen:

In der Alltagssprache verwenden wir wenige Wörter für Geruchsqualitäten, meist benennen wir, was wir riechen: „Das riecht nach Meer, das riecht nach Weihnachtsplätzchen."

Schmecken:

süß	sauer
scharf	mild
herb – bitter – blumig	

Welche Hilfen bzw. Helfer sind besonders gut geeignet, um Ihr Kind vom Problem zur Lösung zu führen?

Je jünger Kinder sind, desto intensiver erleben sie Hilfen und Helfer, die sie aus einem quälenden Problem herauszuführen vermögen. Beide sind häufig magisch-mystischer Natur und deshalb sehr stark. Auch reale Personen der Umgebung des Kindes werden vom Kind oft als Helfer erlebt. Um für Ihr Kind geeignete Helfer zu finden, können Sie folgende Fragen stellen:

- Wenn du dich jetzt in ein Tier verwandeln könntest, was für ein Tier wärst du und was kann dieses Tier besonders gut? Lassen Sie das Kind dieses Tier malen, und spielen Sie mit ihm ein Rollenspiel dazu, auf diese Weise erfahren Sie eine Fülle von Details.
- Wenn du deine ganze Familie in Tiere verzaubern könn-

test, wer wäre was? Was kann welches Tier besonders gut?
- Welches ist das stärkste, liebste etc. Tier?
- Wenn du dich ganz alleine fühlst, an wen denkst du dann?
- Was kann die/der Besonderes?
- Wer beschützt dich, wenn du Schutz brauchst?
- Wie macht der/die das?

Zum individuellen Gestalten der Helferfigur in Ihrer Geschichte ist es weniger wichtig, ob es eine Tiergestalt ist, ein Mensch oder eine allegorische Person (wie Zwerge, Engel etc.). Es geht um die Eigenschaften und Fähigkeiten, die Ihr Kind dieser Figur zuschreibt. Das Kind „leiht sich" beim Helfer dessen Qualitäten und erreicht damit ein Stück der Potenz des Helfers, um das Böse zu meistern. Wenn Sie demselben Kind mehrfach Geschichten erzählen, ist es sinnvoll, an der entscheidenden Stelle immer wieder denselben Helfer auftauchen zu lassen. Malen Sie zusätzlich die Helferfigur, und hängen Sie sie im Kinderzimmer auf. Kaufen Sie ein Kuscheltier, das der Helferfigur ähnelt, oder lassen Sie die Helferfigur in einen schönen Stein schlüpfen, den Ihr Kind um den Hals oder in der Hosentasche trägt.

Wenn Sie genug Informationen zu den Bereichen Wohlfühlen/schlecht fühlen/Helferfiguren besitzen, lesen Sie die Geschichte, die Sie ausgewählt haben, nochmals. Sie wird sich beim Lesen so verändern, wie es Ihrem Kind entspricht. Legen Sie dann Ihre ganze Sammlung und meine Geschichte beiseite, wählen Sie einen zum Geschichtenerzählen günstigen Augenblick mit Ihrem Kind, spüren Sie die Liebe zu Ihrem Kind in sich, und erzählen Sie einfach drauflos. Den Rest erledigt gerne und geübt Ihr Unterbewußtes, denn Sie haben sich bestmöglich vorbereitet.

WIE SIE GESCHICHTEN
FÜR IHR KIND SELBST ERFINDEN

Gehören Sie zu den Eltern, die gerne eigene Geschichten erfinden? Oder gibt es in meinem Buch kein Märchen, das das Problem, das Sie und Ihr Kind haben, aufgreift? Dann wird Ihnen das folgende helfen:
Fragen Sie sich: Welche auffälligen Verhaltensweisen hat mein Kind im zeitlichen Zusammenhang mit der Trennung/Scheidung entwickelt? Nehmen wir an, das Kind weint beim Abschied vom anderen Elternteil nach den Besuchswochenenden. Was will Ihr Kind mit diesem Verhalten erreichen, welche Absicht steckt unbewußt in der Handlung des Kindes? Will Ihr Kind den anderen Elternteil behalten? Der Problemzustand Ihres Kindes kann der Trennungsschmerz, der bei jedem Abschied neu entsteht, sein. Ein jüngeres Kind kann die Zeit zwischen zwei Besuchen beim abwesenden Elternteil noch nicht erfassen. Jeder Abschied ist endgültig – übrigens auch der von dem Elternteil, bei dem es lebt! Das Trennungsproblem ist für ein Kind, dessen Eltern getrennt leben, unvermeidbar. Ihre Entscheidung als Frau und Mann, also Ihre Entscheidung auf der Paarebene, ist ursächlich für das Problem Ihres Kindes. Weil Sie Ihr Kind lieben, suchen Sie nach einer Lösung. Ihr Ziel ist es, Ihrem Kind verständlich zu machen, daß es jederzeit die Liebe beider Elternteile hat, auch wenn es sie nur im Wechsel erleben kann.
Wenn Sie an diesem Punkt Ihrer Überlegungen angelangt sind, haben Sie aus dem auffälligen Verhalten Ihres Kindes das zugrundeliegende Problem erkannt und die Lösung ge-

klärt. Der Grundraster für Ihre Geschichte ist fertig. Stellen Sie dann – wie auf den Seiten 141 ff. beschrieben – Fragen zu den Bereichen „sich schlecht fühlen" und „sich gut fühlen" an Ihr Kind, und lassen Sie sich die Qualitäten der kindlichen Helfer beschreiben.

Dann rate ich Ihnen, Ihre Wanderschuhe anzuziehen und hinaus an die frische Luft zu gehen. Dort wird Ihnen Ihr Unterbewußtes Phantasien, Ideen, Metaphern schenken, die vielleicht ganz anders sind als meine.

WIE SIE GESCHICHTEN MIT IHREM KIND GEMEINSAM ERFINDEN

Etwas älteren Kindern – etwa ab der Einschulung – macht es große Freude, selbst Geschichten zu erfinden. Ein Beispiel dafür ist das Märchen von Zippel, Zappel und Zuppel (siehe Seite 80 ff.). Damit die Geschichte ihren hilfreichen, heilenden Zweck erfüllt, müssen Sie an drei entscheidenden Stellen die Führung beim Erzählen übernehmen, nämlich am Anfang, wenn Sie das bestehende Problem benennen, in der Mitte, um einen starken Helfer ins Spiel zu bringen, und am Ende, damit eine möglichst verdeckte Lösung garantiert wird. Beim Märchen von Zippel, Zappel und Zuppel war den Kindern das Problem, weshalb die Eltern sie zu mir geschickt hatten, bekannt. Sie waren durch den häufigen Wechsel von Bezugspersonen und Umgebung, den die gemeinsam praktizierte elterliche Sorge mit sich brachte, unkonzentriert, unruhig und nervös. Ich habe jedes Kind gebeten, sich in ein Tier zu verzaubern und diesem Tier die Eigenschaft „zappeln" zu geben. Dann habe ich alle drei munter erzählen lassen, gut zugehört und mir dabei eine passende Helferfigur einfallen lassen. Als den Kindern die Phantasie ausging, habe ich das Erzählen übernommen, vom Helfer berichtet und die Lösung herbeigeführt. Zum Schluß habe ich die Geschichte mit der Frage: „Und wie geht es Zippel, Zappel und Zuppel jetzt?" wieder an die Kinder übergeben. Unser Werk habe ich dann gekürzt aufgeschrieben und den Kindern beim nächsten Besuch vorgelesen. Sie waren mächtig stolz und haben zu dritt ein Bild dazu gemalt. Jetzt warten sie auf die Veröffentlichung dieses Buches.

WIE SIE IHREM KIND
SONST NOCH HELFEN KÖNNEN

Liebe Mutter, lieber Vater,

Sie haben sich entschieden, sich zu trennen. Zumindest einer von Ihnen hat gute Gründe dafür. Einerlei, ob Sie der aktive oder der passive Teil der Trennung sind, Sie haben erkannt, daß Ihr bisheriger Lebensplan gescheitert ist. Ihre Wünsche und Träume von einer glücklichen Familie, in der sich jeder wohl fühlt, sind zerstört. Viele Pläne und Investitionen waren umsonst. Es mag sein, daß Sie Wut und Trauer in sich fühlen, vielleicht auch Schuld und Scham. Diese Gefühle sind normal, Sie haben ein Recht darauf, so zu sein, während Sie sich von Ihren Hoffnungen verabschieden. Nur fordern Sie von sich nicht, daß Sie in der Zeit des Loslassens und der Neuorientierung stets eine gute Mutter, ein guter Vater für Ihr Kind sind. Vielleicht sind Sie reizbar und launisch und in Ihrem Inneren mehr mit anderem als mit den Bedürfnissen Ihres Kindes beschäftigt. Es hat keinen Sinn, wenn Sie sich in den Zeiten, die Sie mit Ihrem Kind gemeinsam verbringen, „beherrschen" und so tun, als ob die Trennung für Sie unbedeutend wäre. Ihr Kind kennt Sie sehr gut, denn Sie sind einer der beiden Menschen, von denen Leben und Überleben Ihres Kindes körperlich und seelisch abhängt. Also ist es richtig, dem Kind Ihre komplizierten und oft verworrenen Gefühle offenzulegen. Ihr Kind hat ein Recht auf Klarheit darüber, daß es nicht die Ursache Ihrer negativen Gefühle ist. Nur, wie sagen Sie es Ihrem Kinde? Ich kenne viele Eltern, die das so versuchen: „Mein Schätzchen, Mama und Papa haben sich getrennt. Wir lieben uns nicht mehr. Aber das hat nichts mit dir zu tun, dich lieben wir beide." Diese gut gemeinte Erklärung, die für uns Erwachsene stimmig ist, wird von Kindern häufig ganz anders aufgefaßt. Line, sieben Jahre alt, sagt zu mir unter Tränen: „Jetzt liebt der Papa die Mama nicht mehr, und morgen liebt er mich nicht mehr." Erst nach der Pubertät können Kinder aus eigener Erfahrung die Liebe zwischen Mann und Frau von der Eltern-Kind-Liebe einigermaßen unterscheiden. Für jüngere Kinder gibt es nur eine Art der Liebe. Wenn die Liebe zwischen Mama und Papa kaputtgehen kann, dann droht die Gefahr, daß auch die Liebe zwischen dem Kind und Papa bzw. dem Kind und Mama enden kann. Noch mehr angst macht einem Kind folgende Mitteilung: „Ich liebe deinen Papa nicht mehr, weil er das und jenes falsch und schlecht gemacht hat." Aus diesen Worten lernt ein Kind, daß Fehler zum Abbruch der Liebesbeziehung und damit zur Trennung führen. Kindsein heißt, täglich Fehler zu machen. Nach einer solchen Mitteilung wird das Kind sich bemühen, keine „Fehler" mehr zu machen. Dabei besteht die Gefahr, daß es sich zu einem braven, angepaßten Menschen ohne Eigenmeinung entwickelt oder zu einem Angstneurotiker.

Weil Sie Ihrem Kind einen guten Start ins Leben geben wollen, müssen Sie versuchen, über die Trennung und Ihre Gefühle dabei in einer Art zu sprechen, die Ihr Kind versteht. Kinder aller Altersstufen kennen die Gefühle, die man hat, wenn Pläne scheitern. Wählen Sie dafür ein Beispiel aus dem Erfahrungsbereich Ihres Kindes. Anhand von drei Beispielen möchte ich Ihnen zeigen, was ich damit meine.

1. Für ein Kindergartenkind: Hans ist fünf Jahre alt. Er besucht vormittags den Kindergarten, während die Mutter mit der zweijährigen Schwester zu Hause ist. Hans ist ein leidenschaftlicher Baumeister. Er baut am Morgen, während die kleine Schwester noch schläft, im Kinderzimmer eine riesige Hochgarage und geht dann in den Kindergarten. Auf dem Heimweg freut er sich darauf, mit seinen Autos in der Garage zu spielen. Er öffnet die Kinderzimmertüre: Sein Bauwerk ist zerstört, die kleine Schwester tapst munter quakend darin herum. Hans stampft vor Wut auf, und dicke Tränen kullern über seine Backen.

Angenommen, Sie wären die Mutter von Hans, dann würde Hans Sie verstehen, wenn Sie ihm sagen: „Ich habe heute ein ‚Garagenbauergefühl', deshalb bin ich nicht so nett und fröhlich."

2. *Für ein Schulkind:* Agnes ist acht Jahre alt. Sie baut mit ihrem Freund Torsten im Urlaub an der Nordsee eine wunderschöne Sandburg. Als sie gerade einziehen wollen, kommt unerwartet eine riesige Welle und zerstört ihr Kunstwerk. Agnes beginnt sofort laut auf Torsten zu schimpfen: „Du fauler Trottel. Ich habe dir doch gesagt, du sollst die Mauern dicker machen!" Und Torsten brüllt zurück: „Dumme Kuh, wenn du auf mich gehört hättest, hätten wir die Burg viel weiter weg vom Wasser gebaut!" Der Vater sagt: „Aber Kinder, das war doch das unberechenbare Meer." Da beginnen Agnes und Torsten eine neue Burg weitab vom Wasser zu bauen.

Agnes versteht Ihre Gefühle, weil sie die Gefühle kennt. Sie hat sogar schon Erfahrung im Umgang mit ihren Gefühlen beim Scheitern eines Planes. Sie weiß, es hilft zumindest vorübergehend, die Schuld auf jemand anderen zu schieben. Was aber, wenn es ein Plan zu zweit ist, dazu führt, daß Streit entsteht. Auch dieses Problem hat Agnes beim Sandburgenbauen schon gelöst. Sie können mit ihr darüber sprechen, daß Sie genau wie Agnes damals am Meer planen, eine neue Burg zu bauen und aus den Erfahrungen des gescheiterten Burgbaus lernen.

3. Für ein zwölfjähriges Kind: Dieter ist ein Computerkind. Gerade hat er an seinem Bildschirm ein spannendes Spiel entwickelt, da holt ihn sein Freund zum Fußballturnier ab. Als er am Abend weiterspielen will, ist das Programm abgestürzt. Der Computer gibt unsinnige Zeichen von sich und schreibt immer wieder „Fehler, Fehler". Dieter tobt. Er beschuldigt seine Mutter, das Programm gelöscht zu haben, obwohl sie nichts von Computern versteht. Er flucht auf den Freund, der ihn zur Unzeit abgeholt hat, wettert gegen die Unzulänglichkeit der Technik und macht sich zuletzt – aber nur heimlich abends im Bett – selbst den Vorwurf, daß er ein so gutes, neues Spiel nicht gleich auf Diskette abgespeichert hat. Dieter schämt sich für seine eigene Nachlässigkeit und denkt: „Da habe ich Lehrgeld bezahlt, das passiert mir nie wieder, ich speichere künftig meine genialen Ideen sofort!" Dann schläft er beruhigt ein.

Wenn Sie Dieter sagen, daß Sie sich wegen der Trennung von Dieters Vater ähnlich fühlen wie er am Abend, als sein Spiel zerstört war, wird er Sie verstehen.

Sie haben es nicht nötig, Ihrem Hans, Ihrer Agnes oder Ihrem Dieter als Grund dafür, daß Sie heute schon den zweiten Teller vom guten Geschirr zerschmissen haben, zu sagen: „Dein Vater zahlt wieder keinen Unterhalt!" oder: „Der Anwalt deiner Mutter hat einen unverschämten Brief geschrieben." Sie sagen: „Ich habe Garagenbaugefühle, das Meer hat meine Burg zerstört, mir ist mein Programm abgestürzt", und Ihr Kind weiß Bescheid.

Selbst wenn Sie der Überzeugung sind, daß Ihre Partnerin/Ihr Partner die „Alleinschuld" am Scheitern der Beziehung hat und sich unmöglich verhält, ist das nicht der tiefere

Grund für Ihre negativen Gefühle. Das eigentlich Schmerzliche ist das Scheitern Ihres Lebensplanes und die Not, sich neu orientieren zu müssen.

Hat Ihr Kind auch einen Lebensplan? Ja, alle jüngeren Kinder wünschen sich, daß Mama und Papa friedlich nebeneinander auf dem Sofa sitzen und sich darüber freuen, wie das Kind spielt. Kleine Kinder nehmen eher Zank und Streit in Kauf als den Verlust eines Elternteils. Der Gedanke: „Es ist für ein Kind schädlicher, mit anhaltendem Elternstreit zu leben, als ein Scheidungskind zu sein", ist kein Gedanke jüngerer Kinder. Zwar leiden Kinder unter den Elternstreitigkeiten und wünschen sich nichts sehnlicher als das Ende dieser Auseinandersetzungen, aber ein Schlußstrich, bei dem ein Elternteil auszieht, ist für sie nur in Extremfällen vorstellbar. Einerlei, wie Mutter oder Vater sich verhalten, Kinder lieben beide und möchten beide behalten. Das ist der unbewußte „Lebensplan" jüngerer Kinder, ein Naturplan zur Selbsterhaltung.

Wenn Sie Ihre Partnerschaft auflösen, bleiben Sie doch weiterhin als Mutter und Vater dem natürlichen Bedürfnis Ihres Kindes, beide Eltern zu lieben und von beiden geliebt zu werden, verpflichtet. Ihr Kind hat nicht dazu beigetragen, daß sein Lebensplan zerstört wurde. Die Ursache seiner Verletzung liegt nicht auf der Eltern-Kind-Ebene, sondern auf der vom Kind unbeeinflußbaren Paarebene. Deshalb hat ein Kind ein Anrecht darauf, nicht in die Partnerschaftsprobleme hineingezogen zu werden. Ihre Schwierigkeiten mit dem Partner sind nicht die Schwierigkeiten des Kindes. Fast alle Leiden von Trennungs- und Scheidungskindern beruhen darauf, daß die Mutter oder der Vater oder beide es noch nicht geschafft haben, den Unterschied zwischen Eltern- und Paarebene zu machen. Zugegeben, es gibt in der Schule kein Unterrichtsfach „Wie verhalte ich mich bei der Trennung vom Vater/von der Mutter meiner Kinder?" Sie müssen also etwas neu lernen, und das in einer Zeit, in der Sie mit sich selbst und durch die Neuorientierung in Ihrem Leben eigentlich genug zu tun haben. Sie müssen die Unterscheidung von Paar- und Elternebene *jetzt sofort* lernen! Zum einen schulden Sie das Ihrem Kind, und zum anderen ersparen Sie sich damit langfristig Kummer und Ärger.

Wie handeln Sie „als Mutter" und „als Vater" bei einer Trennung bzw. Scheidung? Richten Sie Ihre Handlungen an den Bedürfnissen Ihres Kindes nach seiner Liebe zu beiden Eltern aus. Ihr Kind braucht Ihre Erlaubnis, den Menschen, von dem Sie sich mit guten Gründen trennen, zu lieben. Es braucht Gelegenheiten, in denen es im persönlichen Kontakt den nicht mehr im Haushalt lebenden Elternteil wahrnimmt und eine eigene Beziehung pflegt, um sich später eine persönliche Meinung zu bilden. Je jünger das Kind ist und je weiter weg der abwesende Elternteil lebt, desto mehr Hilfe braucht das Kind bei der Organisation von Begegnungen. Das erfordert Kommunikation mit dem anderen Elternteil. Sie werden lernen, als Mutter oder Vater über die Interessen Ihres gemeinsamen Kindes zu sprechen, weil Sie beide Ihr Kind lieben und weil Ihr Kind diesen Lernschritt von Ihnen erwarten kann. Ihr Kind wird in der Anfangszeit des Hin- und Herwechselns zwischen Mutter und Vater verstört reagieren. Es muß erst erfahren, daß es, während die Mutter da ist, den Vater nicht haben kann, und umgekehrt. Nach einiger Zeit weiß Ihr Kind, auf jeden Abschied folgt ein Wiedersehen. Ihr Kind wird in der Zeit der Verwirrung psychische und somatische Signale der Überforderung zeigen. Vielleicht wird es wieder ins Bett machen, vielleicht schlecht schlafen, Nägel kauen, übermäßig essen oder das Essen verweigern. Vielleicht können Sie keinen Schritt mehr alleine gehen, weil Ihr Kind Angst hat, auch Sie zu „verlieren".

Kinder, die aus Erwachsenensicht keinerlei Reaktionen auf die Trennung ihrer Eltern und damit die Zerstörung ihres Lebensplanes zeigen, sind krank. Ein solches Kind bemüht sich beispielsweise, den Schmerz der Eltern dadurch zu lindern, daß es brav und allezeit fröhlich ist. Es sorgt gut für die Mutter, den Vater oder im Wechsel für beide, indem es nicht nur zusätzlichen Kummer erspart, sondern auch die Stimmung der Erwachsenen durch seinen „Sonnenschein" zumindest vorübergehend aufhellt. Eltern in Trennung haben Mühe zu bemerken, daß das, was ihnen guttut, dem Kind schadet. Das Kind verdrängt seine Gefühle von ohnmächtiger Wut und Traurigkeit. Nach dem Gesetz der Verdrängung sind diese Gefühle damit zwar im Augenblick nicht mehr spürbar, bleiben aber im Unbewußten erhalten und werden sich im späteren Leben so lange störend bemerkbar machen, bis das Kindertrauma in adäquater Form verarbeitet ist, was oft nur durch Therapie möglich wird. Bitte helfen Sie Ihrem Kind, seine wütenden und traurigen Gefühle während der Trennungserlebnisse zu zeigen. Holen Sie die Zuwendung, die Sie für Ihre Person brauchen, bei Freunden und Verwandten.

Sie fallen zurück in die Verstrickung der Paarebene, wenn Sie Ihrem Partner/Ihrer Partnerin die Schuld an den Störungen des Kindes geben. Sprechen Sie lieber darüber, wie Sie Ihrem durch die Trennung überforderten Kind helfen können, und haben Sie Geduld. Wenn Ihr Kind kontinuierlich erlebt, daß es beide Eltern behält, beruhigt es sich. Es ist leichter, eine aus Überforderung entstandene psychosomatische Störung zu behandeln, als ein Kind ins Leben zu begleiten, das im Inneren eine „schlechte Mutter" oder einen „schlechten Vater" hat, weil der Elternteil, bei dem es aufwächst, es nicht schafft, die

Paarebene von der Elternebene zu trennen. Ich habe Volker, acht Jahre, gefragt: „Deine Eltern scheiden sich, wer soll für dich sorgen?" Volker sagte: „Die sollen beide sorgen, ich habe meinen Papa lieb und meine Mama."

Zum Schluß lade ich Sie ein, sich zurückzulehnen und mit mir folgenden Gedanken nachzugehen: Ja, es stimmt, alle Mütter und alle Väter machen Fehler . . . weil sie Menschen sind. Ja, manche machen schwerere Fehler. Jeder neue Tag ist eine neue Chance, eine „gute Mutter", ein „guter Vater" für Ihr Kind zu sein. Lassen Sie Ihre Gedanken in die Vergangenheit wandern. Erinnern Sie sich an drei Ereignisse, bei denen Sie sich als „gute Mutter"/„guter Vater" erlebt haben. Wählen Sie die schönste Erinnerung aus, und erlauben Sie sich, Einzelheiten wiederaufleben zu lassen. Welche Jahreszeit, welches Wetter, welche Tageszeit war damals? Was hatten Sie an? Was trug Ihr Kind? War es eher eine ruhige oder eine bewegte Situation? In welchem Ton haben Sie miteinander gesprochen, falls Sie gesprochen haben? War es ein kühler oder ein warmer Tag? Lag ein bestimmter Geruch in der Luft, hatten Sie einen Geschmack auf der Zunge?
Holen Sie sich die volle sinnliche Repräsentation Ihrer guten Erinnerung ins Gedächtnis, und fühlen Sie sich wohl und zufrieden als „gute Mutter"/„guter Vater". Dann klopfen Sie sich anerkennend auf die Schulter und sagen sich: „Ja, ich tue mein Bestes, eine gute Mutter/ein guter Vater zu sein."
Lehnen Sie sich nochmals zurück, und erinnern Sie sich an drei Ereignisse, bei denen Sie den anderen Elternteil als „gut" erlebt haben. Es kann sein, daß Ihnen das schwerfällt. Lassen Sie sich Zeit, Sie werden drei solche Szenen finden, und die schönste daraus wählen. Lassen Sie wiederum Ihre Erinnerung in alle Sinneskanäle strömen: Was sehen Sie in dieser

Szene, was hören Sie, was spüren, riechen und schmecken Sie, wie fühlen Sie sich, wenn der andere Elternteil gut zu Ihrem gemeinsamen Kind ist? In Ihrer Vorstellung können Sie dem anderen jetzt anerkennend auf die Schulter klopfen. Spüren Sie: „Eltern lieben ihre Kinder, und Kinder lieben ihre Eltern."

HILFREICHE LITERATUR

Bruno Bettelheim, Kinder brauchen Märchen, DVA
Erik Rossi, Die therapeutischen Metaphern Milton Ericksons, Junfermann
David Gordon, Therapeutische Metaphern, Junfermann
C. & S. Lankton, Geschichten mit Zauberkraft, Leben lernen Heft 76, Pfeiffer
Genie Laborde, Kompetenz und Integrität, Junfermann
Peter Raba, Mit Geschichten heilen, Esotera
Nosrath Peseschkian, Der Kaufmann und der Papagei, S. Fischer
Helmuth Figdor, Kinder aus geschiedenen Ehen: zwischen Trauma und Hoffnung, Grünewaldverlag
John M. Haynes, Scheidung ohne Verlierer, Kösel
Dr. Gisela Maehler, Faire Scheidung durch Mediation, Gräfe u. Unzer
Bernhardt/Haase/Kloster-Harz/Tauche, Wir bleiben Eltern trotz Scheidung, Nymphenburger
Nele Maar, Verena Ballhaus, Papa wohnt jetzt in der Heinrichstraße, Modus-Vivendi

Bücher, die den Kindern helfen

*Therapeutische Geschichten gegen
Ängste und Aggressionen von der
Bestsellerautorin Gerlinde Ortner*

Gerlinde Ortner
Märchen, die den Kindern helfen
Für Kinder von 3 bis 7 Jahren
Geschichten für Kinder
und Ratschläge für Eltern
168 Seiten, 12,5 x 20,5 cm
DM 29,80, sfr 27,80, öS 233,–

ISBN 3-7015-0142-4

Gerlinde Ortner
**Neue Märchen,
die den Kindern helfen**
Für Kinder von 6 bis 10 Jahren
Geschichten für Kinder
und Ratschläge für Eltern
176 Seiten, 12,5 x 20,6 cm
DM 29,80, sfr 27,80, öS 233,–

ISBN 3-7015-0316-8

Die Geschichten helfen Kindern
- Ängste und Unsicherheiten zu bewältigen,
- familiäre Konflikte und Probleme aufzudecken

und Erwachsenen
- wie sie bei kindlichen Verhaltensstörungen reagieren können,
- wie sie Kinder besser verstehen lernen.

Erhältlich in jeder Buchhandlung!